SIMON MUNZU

ANGLOPHONE CRISIS IN CAMEROON

NO 'SPECIAL STATUS'

PAS DE 'STATUT SPECIAL'

CRISE ANGLOPHONE AU CAMEROUN

ANGLOPHONE CRISIS IN CAMEROON

NO 'SPECIAL STATUS'

Reflection on the supposed 'special status' of the English-speaking regions of Cameroon

§§
§§§§§

PAS DE 'STATUT SPECIAL'

Réflexion sur le supposé 'statut spécial' des régions anglophones du Cameroun

CRISE ANGLOPHONE AU CAMEROUN

SIMON MUNZU

ISBN: 9798471225374 (paperback)

First published on September 5, 2021
Updated on October 15, 2021

DEDICATION / *DEDICACE*

To the thousands of victims: innocent men, women and children who have lost lives, livelihoods, education, shelter, freedom, dignity, and human security in a senseless war brought upon us by assimilationists and separatists, two groups of extremists that have chosen to sacrifice Cameroon on the altar of their self-serving distortion and denial of the history of our beautiful country.

Aux milliers de victimes : ces hommes, femmes et enfants innocents qui ont perdu leurs vie, moyens de subsistance, éducation, abri, liberté, dignité et sécurité humaine dans une guerre insensée menée contre nous par les assimilationnistes et les séparatistes, deux groupes d'extrémistes ayant choisi de sacrifier le Cameroun sur l'autel de leur dénaturation et déni intéressés de l'histoire de notre beau pays.

CONTENTS / *TABLE DES MATIERES*

FOREWORD / *AVANT-PROPOS*

The war in which government forces and armed separatists have engaged on the soil of the Southern Cameroons for nearly five years now must be one of the most senseless armed conflicts in the history of humanity. The heavy price paid by the civilian population and combatants on both sides is devastating and continues to rise. The belligerents could have avoided this by engaging in meaningful dialogue to address the root causes of the conflict that are well-known and have festered for decades. Since the crisis escalated in January 2017, numerous voices at home and abroad have called for such a dialogue, but they have not been heeded so far.

From 30th September to 4th October 2019, the Government organized a 'Major National Dialogue' in Yaounde to examine the situation and propose approaches to resolving the 'anglophone problem' and ending the 'anglophone crisis'. This gathering, in which I took part, turned out to be more consultation than dialogue. Nevertheless, the recommendation by participants that a 'special status' be granted to the restive North-West and South-West regions created great expectations of a satisfactory resolution of the problem and the crisis. However, to our general disappointment, as this study shows, the 'special status' that the law of 24th December 2019 purported to grant to the two anglophone regions is devoid of meaningful content. It failed to provide a sound basis for tackling the issues examined at the Major National Dialogue that lie at the heart of the crisis in these regions.

It is time to address the 'anglophone problem' resulting from several decades of domination, marginalization and assimilation of the Southern Cameroons and its people by successive regimes in Yaounde, and to do so without further delay or more bloodshed and destruction. Cameroon's unity, survival and prosperity depend on it. Our nation must face and win the challenge of a negotiated resolution of the 'anglophone problem' and the 'anglophone crisis'. The present reflection makes several recommendations as a contribution towards the attainment of this objective.

I am profoundly grateful to my family, especially my wife, Julia, and to my friends Dr. Moses Tambe and Mr. Wallace Divine, for their support in conducting and completing this study. I sincerely thank Ms Arkardy Silverman for her encouragement, and Mr Martin Jumbam for graciously reading through the English version of the manuscript and providing valuable comments and suggestions. I am solely responsible for any shortcomings in both the English and the French versions of this work.

La guerre que les forces gouvernementales et les séparatistes armés se livrent sur le sol du Southern Cameroons depuis près de cinq ans serait l'un des conflits armés les plus insensés de l'histoire de l'humanité. Le lourd tribut payé par la population civile et les combattants des deux camps est dévastateur et continue de croitre. Les belligérants auraient pu éviter cela en engageant un dialogue constructif en vue de s'attaquer aux causes profondes du conflit, lesquelles sont bien connues et s'enveniment depuis des décennies. Depuis l'escalade de la crise en janvier 2017, de nombreuses voix au pays et à l'étranger ont appelé à un tel dialogue, mais elles n'ont pas été écoutées jusqu'à présent.

Du 30 septembre au 4 octobre 2019, le Gouvernement a organisé un « Grand Dialogue national » à Yaoundé pour examiner la situation et proposer des approches à la résolution du « problème anglophone » et de la « crise anglophone ». Cette rencontre à laquelle j'ai pris part s'est avérée être davantage une consultation qu'un dialogue. Néanmoins, la recommandation des participants d'accorder un « statut spécial » aux régions du Nord-Ouest et du Sud-Ouest en ébullition avait suscité de grands espoirs qu'on puisse arriver à une résolution satisfaisante du problème et de la crise. Cependant, à la déception générale, et comme cette réflexion le démontre à suffisance, le « statut spécial » que la loi du 24 décembre 2019 prétendait accorder aux deux régions anglophones est dépourvu de contenu réel. Il n'offre pas une base solide pour aborder les questions débattues lors du Grand Dialogue national et qui sont au cœur de la crise qui sévit dans ces régions.

Il est temps de s'attaquer au « problème anglophone », résultat de plusieurs décennies de domination, de marginalisation et d'assimilation du Southern Cameroons et de ses populations par les régimes qui se sont succédés à Yaoundé, et de le faire sans plus tarder, sans plus d'effusion de sang, sans plus de destruction. L'unité, la survie et la prospérité du Cameroun en dépendent. La résolution

NO 'SPECIAL STATUS' – PAS DE 'STATUT SPECIAL'

négociée du « problème » et de la « crise » anglophones est un défi que le peuple camerounais doit relever et gagner. La présente réflexion formule plusieurs recommandations dans le souci de contribuer à la poursuite et l'atteinte de cet objectif.

Je suis profondément reconnaissant à ma famille, en particulier mon épouse Julia, et à mes amis le Dr. Moses Tambe et M. Wallace Divine, pour leur soutien dans la réalisation de cette étude. Je remercie sincèrement Mme Arkardy Silverman pour ses encouragements, et M. Martin Jumbam pour avoir relu gracieusement la version anglaise du manuscrit et proposé de précieux commentaires et suggestions. Je suis seul responsable de tout manquement éventuel observé dans les versions anglaise et française de cet ouvrage.

PART A: NO 'SPECIAL STATUS'

Abstract

The North-West and South-West are Cameroon's two English-speaking regions, out of the ten that make up the country; the other eight are French-speaking. The two have been embroiled in an armed conflict since November 2017. For normalcy to return to these regions, the sixty-year-old 'anglophone problem' has to be resolved, and the five-year-old 'anglophone crisis' that it generated has to end.

*A 'Major National Dialogue' (MND) organized by the Government to examine the situation from 30th September to 4th October 2019 in Yaounde, the nation's capital, recommended the grant of a 'special status' to the two troubled regions. Subsequently, a "**law to institute the general code of regional and local authorities**" promulgated on 24th December 2019 provided for a '**Special Status of the North-West and South-West Regions**', without addressing the root causes of the anglophone problem and crisis. Two years after the MND, the socio-political and security crisis persists in these regions.*

*This reflection takes a look at the '**special status**' supposedly granted to the North-West and South-West* *regions. It concludes that, as presently conceived, the 'special status' is devoid of substance and does not offer a viable pathway to resolving the 'anglophone problem' and ending the 'anglophone crisis'.*

Full autonomy for the North-West and South-West regions is required for a just, peaceful, and lasting resolution of the anglophone problem and crisis. It should be at the centre of concerted efforts undertaken to achieve this goal.

A new entity came into being on 1ˢᵗ October 1961 when a decolonization process designed and implemented by the international community under the auspices of the United Nations produced a union between the English-speaking Southern Cameroons and the French-speaking Republic of Cameroon. The resultant Federal Republic of Cameroon had a dual (Anglo-French) heritage in all matters of public governance. Today, the future of that entity hangs precariously in the balance. It is the collective duty of all Cameroonians to rescue it, with the encouragement, support, and facilitation of the international community.

1. Introduction

On 1st October 1961, the English-speaking ('*anglophone*') territory of the Southern Cameroons[i] and the French-speaking ('*francophone*') territory of the Republic of Cameroon united to form a new bilingual state, the Federal Republic of Cameroon. For over forty years, the former had been administered by the United Kingdom, and the latter by France, initially as League of Nations mandates, and then as United Nations trust territories. This bequeathed to the new State a dual 'Anglo-French' heritage not only with respect to its two official languages (English and French), but also in all areas of democratic governance. In recognition of this fact, the Constitution of the Federal Republic that came into force on 1st October 1961 allowed each of the two territories to govern itself as an autonomous '*federated State*'.

In 1972, a highly centralized system of government dominated and piloted by the majority francophone political elites replaced the federation. This system divided the territory of the Southern Cameroons administratively into the North-West and the South-West 'provinces' (subsequently renamed 'regions'). For the next half-century, the anglophone minority that make up this territory were subjected to systematic assimilation, the progressive obliteration of their historical heritage and specific identity, and subjugation to 'francophone rule'. This, in a nutshell, is the origin and the core of '*the anglophone problem*' in

Cameroon.

Over the years, 'Southern Cameroonians', natives of the English-speaking territory (also referred to commonly as 'Anglophones'), sporadically staged peaceful protests against assimilation and subjugation to francophone rule. In one of such moves in October 2016, anglophone teachers, university students, and barristers (styled *'common law lawyers'*) initiated a peaceful protest. A year later, it turned into an armed insurgency orchestrated by advocates of separation and of the 'restoration of the independence of the Southern Cameroons'. Since the end of November 2017, the North-West and South-West regions have been the theatre of the *'anglophone crisis'* - an armed conflict between government forces and separatist fighters, with devastating social, economic and humanitarian consequences for their inhabitants. Separatists claim that President Paul Biya declared war against the people of the Southern Cameroons in 2017 and that they are fighting in self-defence and in response to the brutal and heavy-handed repression unleashed by government forces upon peaceful protesters and unarmed civilians at the beginning of the crisis. On its part, the Government has sought to justify its massive deployment of heavily armed troops in the North-West and South-West regions by the need to fight off a separatist insurgency and to safeguard the territorial integrity of a "one and indivisible Cameroon".

The Government organized a 'Major National Dialogue' (MND) in Yaounde, the nation's capital, from 30th September to 4th October 2019, to examine the situation. Participants recommended the grant of a **'special status'** to the English-speaking North-West and South-West regions, but left the task of defining its **content** to the government. Subsequently, a **"law to institute the general code of regional and local authorities"** was promulgated on 24th December 2019 by President Paul Biya[ii]. It purported to grant a **'special status'** to the North-West and South-West regions, based on what it termed their *"language specificity"* and *"historical heritage"*. The Cameroon Government has since claimed at home and before the international community that this **"special status"** is a good, sufficient and unique basis for resolving the 'anglophone problem' and ending the 'anglophone crisis'.

2. The Law of 24th December 2019

Part V of Book Four of the law of 24th December 2019 is entitled *"**Special Status of the North-West and South-West Regions**"*. It opens with the general statement that: *"**The North-West and South-West Regions shall have a special status in accordance with the provisions of Article 62 of the Constitution**"*, as well as *"**a specific organizational and operational regime, based on the historical, social, and cultural values of these regions**"*.

The present study seeks to ascertain the **content** of this **'special status'** and of the **'specific organizational and operational regime'** supposedly granted to the North-West and South-West regions by the law of 24th

December 2019, and to inquire if they provide a basis for resolving the 'anglophone problem' and ending the 'anglophone crisis'. To this end, it focuses attention on the scope of the supposed 'special status' and its distinctive elements, notably, the alleged 'additional powers' that are said to have been granted to the North-West and South-West regions, the mode of organization and functioning of local authorities in these two regions, the power of their regional assemblies to impeach, and the establishment for them of the post of *public independent conciliator*.

3. Scope of the supposed special status of the North-West and South-West regions

In its English version, the law of 24th December 2019 cites 'language specificity', 'historical heritage' and 'historical, social and cultural values' of the North-West and South-West regions as elements that form the foundation of the 'special status' that it purports to grant them. In other words, these traits of the two regions determine the **content** and **scope** of their supposed 'special status'. "Language specificity' and 'historical heritage' appear in both the English and French versions of the law, while the reference to 'historical, social and cultural values' is mysteriously missing from the French version. It is believed to have been inserted in the English version as an afterthought, to cajole the anglophone regions into believing that they enjoy a genuine **special status** based on their '*specificities and particularities*'.

These notions of "language specificity", "historical heritage" and 'historical, social and cultural values' that were introduced by the law of 24th December 2019 are abstract and vague. They needed to have been clarified and spelled out in sufficient detail by this law to show what exactly they mean, and the extent to which they have truly shaped the content and scope of the alleged 'special status' of the North-West and South-West regions. The law failed to do this. Instead, it stipulated at section 3 (4) that the **content** of the *"specificities and peculiarities"* of the North-West and South-West regions that form the basis of their 'special status' *"shall be specified in separate instruments"*. This presents a problem in logic and chronology: how can the North-West and South-West regions be said to enjoy 'special status' *already*, when the law that purports to confer it on them stipulates that the 'specificities and peculiarities' upon which it is based are still to be defined in "separate instruments" to be enacted *in future*? Obviously, until these *'specificities and peculiarities'* are identified and clearly enunciated, the content that they provide and the scope that they open up for the supposed special status of the North-West and South-West regions cannot be determined.

State officials are conscious of this major shortcoming of the law of 24th December 2019 and seem somewhat embarrassed by it. They expect the anglophone regions, instead of the Government, to cure the law that the parliament passed and the President of the Republic promulgated of its failures. In a presentation to the 2nd ordinary session of the Committee on the Follow-up of the

Implementation of the Recommendations of the Major National Dialogue chaired by the Prime Minister in Buea on 22nd September 2021, the Director-General of the National School of Local Administration (NASLA) suggested that, being "pioneer *Special Status* regions", the North-West and South-West regions should *"determine its* **content** *by practice. Because no one in Cameroon has done this before. Wasting time in sterile critiques of the regional Status is running the risk of seeing this window of opportunity closed before them"* [iii].

Still in relation to the scope of the supposed special status, it is stunning that all the relevant provisions of the law of 24th December 2019 concern only the two regional councils, one for the North-West region based in Bamenda, and the other for the South-West region based in Buea. All the other local authorities of these two regions, namely, the city councils of Bamenda in the North-West region and Limbe and Kumba in the South-West region, the three sub-divisional councils within the city of Bamenda, the three sub-divisional councils within the city of Limbe, the three sub-divisional councils within the city of Kumba, the 32 municipal councils outside Bamenda in the North-West region and the 25 municipal councils outside Limbe and Kumba in the South-West region, are not concerned *at all* with the 'special status' provisions of the law. They are governed instead by sections 1 to 258 and 372 to 486 of the law, which also govern local authorities in the eight francophone regions, apart from regional councils. For them, therefore, *there is no special status*! These 69 city councils, sub-divisional councils and municipal councils of the North-West and South-West regions operate at the level of the grassroots. Their activities affect the lives and livelihoods of their inhabitants more directly than those of the two regional councils. How can the supposed special status of these two regions be genuine, relevant or useful when, in fact, these 69 grassroots councils lie entirely outside its scope?

4. Constituent elements of the supposed special status of the North-West and South-West regions

The law of 24th December 2019 uses words and titles such as 'House', 'Assembly', 'Executive Council', 'Regional Executive Council', 'House of Representatives', 'House of Chiefs' and 'Commissioner'. They recall the governance institutions of the Southern Cameroons up to 1953 when it was administered as part of the Eastern Region of Nigeria, and between 1954 and 1972 when it exercised a measure of self-government. This is designed to create the impression that the North-West and South-West regions have regained major aspects of the 'historical heritage' that they lost when the federal system of government was abolished in 1972.

As previously noted, the law of 24th December 2019 focuses on four elements to advance its claim that, unlike the eight francophone regions, the two anglophone regions enjoy a *special status* and *a specific organizational and operating regime*. They are: **a**) the supposed additional powers that are said to have been given to the North-West and South-West regions; **b**) the mode of organization and functioning of regional and local councils in these two regions; **c**) the power of their regional assemblies to impeach; and **d**) the establishment for them of the office of the *'public independent conciliator'*. These key elements of the supposed 'special status' are examined below. Are they substantial enough to provide a basis for resolving the 'anglophone problem' and ending the 'anglophone crisis'? Do they make local authorities of the two anglophone regions that are said to enjoy a 'special status' distinguishable from those of the eight francophone regions to which this status has not been granted? The following reflection will suggest answers to these questions.

a) *Alleged additional powers said to have been given to the North-West and South-West regions*

The first key element of the supposed special status is the alleged additional powers that are said to have been granted to the North-West and South-West regions. The law of 24th December 2019 contains a list of areas of local governance in which the central government has to devolve powers to local authorities in all the ten regions over an unspecified period. Aside from these, the legislator purports to devolve three more powers to the two anglophone regions, as a testimony to their supposed 'special status'. These alleged 'additional powers' are: the power to *participate in the formulation of national public policies*

24

relating to the anglophone education sub-system; the power to *participate in defining the status of traditional chiefdoms;* and the power to *set up and manage regional development authorities.* The law also states that the North-West and South-West regions **may** *"be consulted on issues relating to the formulation of justice public policies in the Common Law sub-system"*, and *"be involved in the management of public services established in their respective territories"* by the central government. On this basis, it is claimed that the two anglophone regions enjoy *five* 'powers' that the eight francophone regions do not have. The following paragraphs examine the veracity of this claim.

The formulation of national public policies for the anglophone education and justice sub-systems, the creation of regional development authorities, the definition of the status of traditional chiefdoms and the creation and management of central government services within their territories, are significant matters for the North-West and South-West regions. But are they the most important, let alone the only, subjects concerning which these two regions would wish to govern themselves? Are there not other areas of governance, some of them even more important and significant, where these two regions and their inhabitants ought to govern themselves in light of their 'language specificity', 'historical heritage' and 'historical, social and cultural values'? Why not bring such domains into the scope of the supposed 'special status' at the outset?

Are concerns about the anglophone sub-systems of

education and justice limited to the formulation of national public policies? Is the subject of traditional chiefdoms limited to the definition of their status? If, indeed, the North-West and South-West regions enjoy a 'special status' in these domains, why is it limited to the formulation of national public policies and the definition of status, as the case may be? How often, anyway, does the Government formulate national public policies concerning the anglophone sub-systems of education and justice for this to be so important? How often does it define the status of traditional chiefdoms for this to be such a determining matter for the North-West and South-West regions? And, flowing from this, how often will the North-West and South-West regions "participate" in these processes?

In any case, it should be noted that all the powers in question – formulation of national public policies in the fields of education and justice, definition of the status of traditional chiefdoms, and creation and management of government 'public services' - rest entirely with the central government in the ten regions of Cameroon. The law of 24th December 2019 merely offers the North-West and South-West regions the possibility of "participating" when the central government exercises these powers in relation to their respective territories.

This law does not explicitly authorize the eight francophone regions to "participate" when the Government exercises the same powers in relation to education, justice, traditional chiefdoms and government public services in their respective territories. However, it does not prohibit their participation either. In practice, the Government will normally allow these regions to 'participate' in the same manner, for the same reasons, from the same perspective and to the same extent as it does for the North-West and South-West regions. If the 'participation' of the eight francophone regions in these circumstances would not confer a 'special status' on them, why is that of the two anglophone regions deemed to do so?

The central government is not obliged to consult the North-West and South-West regions when exercising its power to formulate national public policies relating to the system of justice based on the Common Law that these regions inherited from British colonization. However, the law of 24th December 2019 explicitly gives the Government the *option* to do so, without laying down the procedure to be followed for the consultation or saying how much weight should be accorded to any views expressed by these regions when consulted. The law does not explicitly give the Government the option to consult the eight francophone regions when it formulates national public policies relating to the system of justice based on the Civil Law that they inherited from French colonization. This fosters the idea that the option to consult the two anglophone regions is a privilege that they enjoy on account of their 'special status'. However, nothing bars the Government from also consulting the francophone regions when it formulates national public policies that concern their sub-system of justice. It will normally do so in practice. If and when it does, would the consultation amount to granting a 'special status' to these regions? If no, why is the same consultation with the North-West and South-West regions presented as a mark of their supposed 'special status'?

The law of 24th December 2019 also explicitly gives the North-West and South-West regions the authority to set up and manage *regional development authorities*. This is alleged to be an "additional power" held by the two anglophone regions which is denied the eight francophone regions. Thus, the setting up and management of regional development authorities is presented as a privilege enjoyed by the anglophone regions by virtue of their supposed 'special status'. However, all local authorities have the power, given by the same law, to "*set up local public establishments or enterprises*". A 'regional development authority' is recognized to be a 'local public establishment or enterprise'. Therefore, by exercising its power to set up local public establishments or enterprises, any region, not only those of the North-West and the South-West, can create and manage a 'regional development authority'. Doing so is not a mark of 'special status'.

The same can be said of the option that the Government has been given to 'involve' the North-West and South-West regions in the creation and management of public services that it sets up in their respective territories. The law of 24th December 2019 does not explicitly give the Government the option to 'involve' the eight francophone regions in this activity in their own territories.

Consequently, the legally-authorized 'involvement' of the anglophone regions is presented as another 'special status' privilege. However, in practice, whenever the Government deems it necessary, useful or appropriate, it will 'involve' any region, not just those of the North-West and the South-West, in creating and managing public services in their respective territories. This is a matter of common sense and good practice, not a mark of 'special status'.

The above discussion demonstrates that the five so-called 'additional powers' that the North-West and South-West regions are said to enjoy because of their alleged 'special status' are neither substantial nor held specifically or exclusively by them. They are held by the central government. The North-West and South-West regions are merely allowed by the law of 24th December 2019 to 'participate', to be 'consulted', or to be 'involved' when the Government exercises them over their respective territories. The law does not specify what 'participation', 'consultation' and 'involvement' entail, the procedure to follow in these processes, and the value to place on any inputs received from the regions concerned. This will have to be determined in each case by the Government which is free to extend these same 'privileges' to the eight francophone regions also whenever it sees fit to do so.

In the final analysis, the powers devolved to the North-West and South-West regions by the law of 24th December 2019 are neither different from, nor greater than, those devolved to the eight francophone regions. Therefore, the suggestion that the North-West and South-

West regions have been given *five* 'additional powers' because of their alleged 'special status' is baseless.

This is so even when we consider section 337 (2) of the law of 24th December 2019. It stipulates that the *House of Chiefs* in the anglophone regions "*shall give its opinion*" on: "*the status of the traditional chiefdom; the management and conservation of historical sites, monuments and vestiges; the organization of cultural and traditional events in the region;* (and) *the collection and translation of elements of oral tradition*". These are trivial matters that form part of the daily business of every traditional ruler. In view of section 273 (a) of the law which has listed them among powers in the domain of culture that are devolved by the central government to *all* the ten regions, they are not specific or exclusive to the North-West and South-West regions. In any case, how can it be considered a 'special status' privilege for 20 traditional rulers in the North-West or the South-West region sitting as the House of Chiefs to give their 'opinion' on such trivial matters?

b) Mode of organization and functioning of local authorities in the North-West and South-West regions

The mode of organization and functioning of local authorities in the North-West and South-West regions is also presented by the Government as a key element of their supposed 'special status'. The law of 24th December 2019 states that these regions enjoy "*a specific organizational and operational regime*". In its English, but curiously not French, version, the law adds that this *specific regime* is based on the "*historical, social, and cultural values*" of the two regions. However, on close examination, the mode of organization and functioning of local authorities in the two anglophone regions appears to follow the same pattern as in the eight francophone regions.

It is remarkable that, as previously noted, the 'special status' provisions of the law do not concern the 69 city councils, sub-divisional councils and municipal councils in the North-West and South-West regions *at all*. These grassroots councils are organized and function in the same manner as their counterparts in the eight francophone regions. They are regulated by sections 1 to 258 and 372 to 486 of the law that apply to all the ten regions. Therefore, for them, there is neither a "*special status*" nor a "*specific organizational and operational regime*".

When it comes to regional councils, the two in the anglophone regions are organized and function in essentially the same manner as the eight in the francophone regions. Some minute differences can be observed, but they are purely symbolic, as will be shown below. Does the law of 24th December 2019 itself not stipulate at section 499 that "*the common provisions relating to the organization and functioning*" of the eight francophone regions apply to the two anglophone regions? Furthermore, it states at section 351 that "*the operating procedures of the Regional Council*" in the francophone regions "*shall apply to the Regional Assemblies of the North-West and South-West Regions*". The rules governing 'regional administration' in the eight francophone regions also apply to the two regional councils in the North-West and the South-West. Hence, at both the regional and municipal levels, the organization and functioning of local authorities in the two anglophone regions follow the same pattern as in the eight francophone regions. This can be seen from the following review of key aspects of the organization and functioning of councils at the regional level.

First, certain 'overriding principles and policies' enunciated by the law of 24th December 2019 must be observed by local authorities in both the North-West and South-West regions and the eight francophone regions. They must *"carry out their activities with due respect for national unity and solidarity, territorial integrity and primacy of the State"*. They must exercise their powers *"within the bounds of national defence interests"*. The exercise of their powers does not bar *"State authorities from taking … measures necessary … to perform their duties in matters of security, civil or military defence, in accordance with the laws and regulations in force"*. They have to follow what section 39 of the law describes as *"functional principles"*; failure to do so renders any resolutions or decisions that they take liable to be nullified by the 'representative of the State'. In all of this, no distinction is made between local authorities in the North-West and South-West regions and those in the eight francophone regions.

Second, the 'regional council' in the eight francophone regions and the 'regional assembly' in the two anglophone regions are regional deliberative organs. They comprise 90 members each. They exercise the same powers and assume the same responsibilities. They derive their human and financial resources from the same sources. They are subject to the same level of supervision and control by the regional governor acting as the 'representative of the State'. The only difference between those in the anglophone regions and their counterparts in the francophone regions is in their respective names (*'assembly'* versus *'council'*). This distinction is too trivial to serve as the basis for the claim that the North-West and South-West regions enjoy 'a specific organizational and operational regime' due to their supposed 'special status'.

Third, the 90 members of the regional assembly in the North-West and South-West regions are required by law to meet in two separate chambers: the 70 non-traditional rulers as the *'House of Divisional Representatives'*, and the 20 traditional rulers as the *'House of Chiefs'*. This bicameral structure of the assembly, coupled with the designation of its chambers as the *'**House** of Divisional Representatives'* and the *'**House** of Chiefs', even in the French version of the law*, is designed to create the illusion that the 'House of Assembly' and the 'House of Chiefs' that existed in the Southern Cameroons/Federated State of West Cameroon between 1954 and 1972 have been revived. It must be noted, however, that the historic House of Assembly and House of Chiefs were full-fledged legislative bodies with law-making powers in all the domains over which, under the federal arrangements, the federated states had jurisdiction. They functioned independently of the executive branch of the territorial government. Their territorial jurisdiction covered the entire area that was split into the North-West and South-West regions.

By contrast, the *'House of Divisional Representatives'* and *'House of Chiefs'* introduced by the law of 24th December 2019 do not have any authority to pass laws. Their subject-matter jurisdiction is limited to imprecise powers that the central government is expected to devolve to the regions intermittently, piecemeal, and at will, over an unspecified time-frame. Their territorial jurisdiction is divided between the North-West and South-West regions. They are subject to tight supervision and control by the central government through the various powers exercised, and measures taken, by the President of the Republic, the Prime Minister, the minister in charge of local authorities, the minister in charge of finance, and the regional governor, as the case may be. The law has given these officials authority to suspend or dissolve the regional assembly comprising the new House of Divisional Representatives and the new House of Chiefs. Clearly, these new 'Houses' are nothing like the historic House of Assembly and House of Chiefs that formed the legislative branch of government in a parliamentary democracy, and are not their reincarnation.

Between 1958 and 1972, the French Cameroon, known as the 'Federated State of East Cameroon' from October 1961 to June 1972, comprised all the eight francophone regions that we have in Cameroon today. It had a unicameral *'Assemblée législative'* with law-making powers that was distinct from, although not independent of, the executive branch of the territorial government. Between 1961 and 1972, the subject-matter jurisdiction of this legislative assembly covered all matters devolved to the federated states under the federal constitution, while its territorial jurisdiction extended over the entire Federated State of East Cameroon. It was, in effect, the counterpart of the Federated State of West Cameroon's House of Assembly and House of Chiefs combined. Therefore, if we are to believe that the '*House of Divisional Representatives*' and '*House of Chiefs*' established in the North-West and South-West regions by the law of 24th December 2019 mean that the historic House of Assembly and House of Chiefs have been 'revived', then we must believe also that the introduction of the unicameral '*conseil régional*' in the eight francophone regions by the same law means that the historic *Assemblée législative* of the Federated State of East Cameroon has been 'revived'. Thus, the purported revival of these historic institutions is not specific or limited to the North-West and South-West regions. In any case, even if true, it does not confer a 'special status' or a 'specific organizational and operational regime' on these regions.

Fourth, the bicameral structure of the regional assembly in the North-West and South-West regions is portrayed as a privilege and an advantage bestowed on them by their supposed 'special status' and as evidence that they enjoy a 'specific organizational and operational regime'. In fact, this structure is a burden carried by these regions. Its mode of functioning is saddled with complexities that are not experienced by the '*conseil régional*' in the francophone regions that meets as a single chamber.

For instance, in a francophone region, the *conseil régional* is convened by its president to meet at one place and deliberate *in a single chamber* on *all questions on its agenda*. In an anglophone region, the president of the regional executive council is bound to convene not one, but two chambers - the *House of Divisional Representatives* and the *House of Chiefs*. They meet *separately* over the *same period* to deliberate on the *same matters* listed on their *common agenda*.

The regional assembly in the anglophone regions and the *conseil régional* in the francophone regions are authorized by law to meet in ordinary session for no more than eight days per session. In the francophone regions, all the 90 members of the *conseil régional* sit together during this period. Within the single chamber, they hear all the arguments during the deliberation on a particular issue. All members learn at the same time and in the same place of the conclusions arrived at and the decisions taken on that issue. The deliberation ends there. This mode of functioning allows the *conseil régional* to make optimal use of the period of no more than eight days that it has for a particular ordinary session.

By contrast, in the anglophone regions where they are both competent to *"rule on all matters falling within the powers of the regional assembly"*, the *House of Divisional Representatives* and the *House of Chiefs* sit *simultaneously* but *separately* in the course of the eight or fewer days of a particular ordinary session. During this period, they deliberate on the *same issues* following a *common agenda*.

Members of one House do not get to follow the arguments exchanged on a particular matter in the other. According to section 345 of the law of 24 December 2019, regional deliberations adopted by the *House of Divisional Representatives* must be forwarded within 24 hours to the *House of Chiefs*. Even though the latter may not know the arguments that led to the adoption of the deliberation in the *House of Divisional Representatives*, it has the power, given by the law of 24th December 2019, to propose amendments to the deliberation, state the reasons for its proposals, and return the deliberation to the *House of Divisional Representatives "for a second reading"*. Where the *House of Divisional Representatives* rejects the amendments proposed by the *House of Chiefs* and disagreement on the deliberation persists between the two *Houses*, the *House of Divisional Representatives* prevails. It adopts the deliberation a second time by a simple majority of its members, and forwards it to the president of the regional executive council (who, incidentally, is also the president of the *House of Divisional Representatives* that adopted the deliberation in the first place) for implementation.

This complex and cumbersome procedure is very different from the simple and very light one that is followed in the *conseil régional* of a francophone region, as previously noted. It has been imposed on the regional assembly of the anglophone regions by the law's requirement that, as a supposed 'special status' privilege, its 90 members should sit and deliberate in two chambers instead of one! For this reason, the regional assembly in an anglophone region is likely to use the few days it has for a particular ordinary session much less effectively and efficiently than the *conseil régional* in a francophone region.

Fifth, ordinary sessions of the *conseil régional* in the francophone regions that meets in a single chamber are chaired by its president, while the secretaries of the regional bureau provide 'secretarial services' at these sessions. This arrangement is pretty straightforward. By contrast, in the anglophone regions, the chairing of ordinary sessions of the regional assembly is complicated by the assembly's bicameral structure that obliges it to operate in three formations instead of one, all of which are served by the same eight-member regional executive council composed partly of members of the *House of Divisional Representatives* and partly of members of the *House of Chiefs*.

In its first formation, the regional assembly operates when its members meet in a joint session of the two 'Houses'. It is chaired then by the president of the regional executive council. In its second and third formations, the regional assembly operates when its members meet *concurrently* but *separately* as the *House of Divisional Representatives* and the *House of Chiefs*, respectively. The meeting of the *House of Divisional Representatives* is chaired by the president of the regional executive council, assisted by one of the two regional executive council secretaries, the secretary-general of the region and all the other members of the regional executive council who do not belong to the *House of Chiefs*. At the same time, that of the *House of Chiefs* is chaired by the vice-president of the regional executive council, assisted by one of the two secretaries of the council.

The *conseil régional* in the francophone regions that meets in a single chamber requires only one set of standing orders to guide it in the conduct of its business. By contrast, the regional assembly in the anglophone regions that meets in two separate chambers in ordinary session has to adopt three sets of standing orders. In accordance with section 346 of the law of 24th December 2019, it adopts the standing orders to be followed during joint sessions of the *House of Divisional Representatives* and the *House of Chiefs*. In addition, each of these *Houses* adopts its own standing orders separately.

As the above discussion shows, the mode of organization and operation of the deliberative organ of an anglophone region is a complex maze. This is a direct consequence of the bicameral structure that has been imposed on it by the law of 24th December 2019 as a feature of its region's supposed 'special status'. It increases the risk of disagreement and conflict of authority or influence between the *House of Divisional Representatives* and the *House of Chiefs*, or between their respective presidents. There have been two recent manifestations of this risk.

On 26th May 2021, the president of the regional assembly of the South-West region (who is also the president of that region's *House of Divisional Representatives*) issued a press statement[iv] in which, without mentioning him by name or title, he publicly rebuked the president of the region's *House of Chiefs* who, shortly before, had made 'unauthorized' public utterances denouncing the poor functioning of the regional assembly. In this statement, the chief executive of the region asserted that: "*The President of the South-West regional executive council informs public opinion (especially officials of the public/private print and audio-visual press organs) that only the President of the regional executive council (or his duly appointed representative) is authorised to make public declarations on behalf of the South-West regional assembly*".

On 14 September 2021, the media reported that the heads of the two Houses of the North-West regional assembly were "*seemingly at daggers drawn*", with the president of the House of Chiefs being "*forced to cancel an announced nation-wide consultative peace tour that was to kickoff (sic) in five major cities in Cameroon*". The report observed that "*the more careful*" president of the regional assembly and of the House of Divisional Representatives "*would prefer to leave things as they are than take any initiative without the approval of Yaounde in sharp contrast with his Vice President who is eager to apply the much talk about (sic) bottom/top approach in trying to instill (sic) hope in the population for whom they are called to serve*" [v].

This risk of disagreement and conflict between divisional representatives and traditional rulers is absent from the *conseil régional* in the francophone regions that functions as a single chamber. To this must be added the cost for the North-West and South-West regions of additional personnel, equipment and infrastructure (including office buildings) required for the management and servicing of two chambers of the deliberative organ instead of one.

In light of the foregoing, it can be deduced that the bicameral structure of the regional assembly in the North-West and South-West regions is a complex, cumbersome, costly, and inefficient machinery that brings no added value to these regions. It has been imposed on them by the law of 24th December 2019 just to sustain the illusion that they enjoy a *special status* and a *specific organizational and operational regime* and that their historic institutions have been revived. Far from being a privilege or an advantage, this structure is a burden and a significant drawback for the two anglophone regions.

Sixth, by law, the 90 members of the *conseil régional* of a francophone region are grouped into four committees; in the North-West and South-West regions, the 70 members of the *House of Divisional Representatives* are grouped into five committees while the 20 members of the *House of Chiefs* are grouped into two committees. Each of these three organs deals with the same range of subjects, with one of the five committees of the *House of Divisional Representatives* taking charge of 'Education' alone. Within this arrangement, section 282 (2) of the law of 24th December 2019 authorizes the regional council in a francophone region to *"set up ... any other committee by deliberation"*. Therefore, a council in such a region can decide to raise its number of committees to five (or more), and to put one of them in charge of 'Education' alone. Doing so would produce in that francophone region a pattern of committees identical to that in the anglophone regions and remove any distinction in this regard between the regions concerned. Meanwhile, the present disparity in the number of committees of the *House of Divisional Representatives* compared to the *conseil régional* (*five* against *four*) is an insignificant detail. It does not warrant the claim that the North-West and South-West regions have 'a specific organizational and operational regime' by virtue of their supposed 'special status'.

Seventh, the regional executive organ in the North-West and South-West regions is an integrated eight-member body called the 'regional executive council'; in the eight francophone regions, it is a single individual known as the 'president of the regional council'. He is 'assisted' by a 'regional bureau' of six members. Therefore, it can be said that the regional executive comprises eight members in the anglophone regions and seven members in the francophone regions. This minute numerical disparity is of no consequence; it does not justify the claim that the North-West and South-West regions have 'a specific organizational and operational regime'.

Eighth, as chief executives of their respective regions, the president of the regional executive council in the North-West and South-West regions and the president of the *conseil régional* in the francophone regions are designated in the same manner. They have the same powers and responsibilities and perform the same duties. Their term of office is of the same duration. They are subject to the same degree of supervision and control by central government officials and agents, especially the regional governor. Against this backdrop, section 361 of the law of 24th December 2019 stipulates that the provisions of this law governing the president of the *conseil régional* in the francophone regions *"shall apply to the President of the Regional Executive Council"* in the North-West and South-West regions. In fact, nothing in the structure, organisation and functioning of the leadership of the ten regions points to 'a specific organizational and operational regime' for the North-West and South-West regions different from what is found in the eight francophone regions.

Nineth, by law, the regional executive council in the two anglophone regions includes three *'commissioners'* each in charge of clearly defined domains - a commissioner for economic development, a commissioner for health and social development, and a commissioner for education, sports and cultural development. The post of 'commissioner' does not exist in the executive organ of francophone regions. It was established for the North-West and South-West regions as part of the effort to create the illusion that certain public offices that once existed in the Southern Cameroons/Federated State of West Cameroon, such as **'Commissioner** *of the Southern Cameroons'*, have been revived in the anglophone regions as a mark of their 'special status'. All the responsibilities assigned to the three 'commissioners' in the executive of the North-West and South-West regions by the law of 24th December 2019 are assumed in the francophone regions by the president of the *conseil régional.* However, a conscientious president of such a region can reasonably be expected, for the efficient

43

management of the affairs of his[vi] region, to not exercise all the responsibilities in all the domains in person. He is likely to assign specific domains to individual members of the regional bureau that assists him, thereby making them *'commissioners'* de facto. Clearly, the existence of this post within the regional executive council of the North-West and South-West regions is a triviality that does not warrant the claim that these regions enjoy 'a specific organizational and operational regime'.

Tenth, the administration of the region is regulated by sections 323 and 324 of the law of 24th December 2019 in like manner for all the ten regions. In particular, for all regions, the secretary-general is portrayed in this law as "*a senior officer with a rich experience in local development management*", a key player in the regional administration, and the "*closest aide*" of the chief executive of the region. His role in all the ten regions is to coordinate regional administrative services, handle the business of the region, and implement the decisions of the regional executive. He is entitled to attend meetings of the regional assembly and the regional executive council in the North-West and South-West regions, or those of the *conseil régional* and the *bureau régional* in the francophone regions.

In all the ten regions, the secretary-general is appointed, and can be dismissed, by the President of the Republic, on the recommendation of the minister in charge of local authorities. He is chosen from the ranks of civil servants serving in the central government administration. Unlike the chief executive of the region, he does not have to be a native of the region that he serves. Consequently, in the North-West and South-West regions as in the eight francophone regions, the secretary-general is likely to defer to the regional governor, the minister in charge of local authorities and other central government officials with whom he has corporate affinities, than to the president of the *conseil régional* or the president of the regional executive council under whose direct authority he serves.

In any case, concerning regional administration, there appears to be no significant difference between the eight francophone regions and the North-West and South-West regions to support the assertion that the anglophone regions enjoy *'a specific organizational and operational regime'*. In June and September 2021, regional chief executives were summoned to Yaounde, the national capital, on two separate occasions. In mid-June, they were invited to Yaounde by the management of the Government's central local authority equipment Fund (FEICOM) to discuss and adopt graphic designs of the 'model building' to be followed by every regional council in designing and erecting its main office in the regional capital[vii]. On 10 September 2021, the minister in charge of local authorities organized an official ceremony in Yaounde to hand to the chief executive of each regional council the keys of the official car that had been ordered and bought for him at the national level by the ministry[viii]. In these manifestations of the Government's lingering inclination towards hyper-centralization and 'harmonization' even in the era of decentralization and the 'special status', the North-West and South-West regions were treated no differently from their eight francophone counterparts.

The above review of key aspects of the mode of organization and functioning of regional councils does not claim to be exhaustive. Nevertheless, it reveals essentially the same pattern in the ten regions. The noticeable points of divergence are few, trivial and negligible. In light of this, the claim by the law of 24th December 2019 that the North-West and South-West regions enjoy *"a specific organizational and operational regime, based on (their) historical, social and cultural values"* is bogus.

c) *Power of the regional assemblies of the North-West and South-West regions to impeach*

Section 342 of the law of 24th December 2019 gives the regional assemblies of the North-West and South-West regions the power to *"initiate impeachment"*. The regional councils of the eight francophone regions do not have this power. For that reason, it is portrayed as another key aspect and distinguishing feature of the supposed 'special status' of the anglophone regions.

The law does not define 'impeachment'. It does not say who may be impeached, for what wrongdoing, according to what procedure, and with what possible consequences. It leaves to the standing orders of the regional assemblies the task of laying down *"the procedure and scope of impeachment"*. This means that the regional assemblies of the North-West and South-West regions could regulate the procedure and scope of impeachment differently, since they are not required by law to adopt identical standing orders.

The superficial treatment of the subject of 'impeachment' in the law of 24th December 2019 raises questions as to the motive for including it in this law. The false idea that it is specifically and exclusively for the two anglophone regions is nurtured to the point of calling it *'impeachment' even in the French version of the law*! However, it cannot be said that impeachment was introduced by this law as part of the *'historical heritage'* or *'historical, social and cultural values'* of the North-West and South-West regions since it is neither specific nor indigenous to these regions. If, in spite of not being legally defined and regulated, the power to impeach means anything, it should be given to the eight francophone regions as well. They should not be denied its exercise just to sustain the deceptive notion that only the North-West and South-West regions possess it as a privilege of their supposed 'special status'.

In any case, the law of 24th December 2019 gave the representative of the State, the minister in charge of local authorities, and the President of the Republic power to suspend, dismiss, or dissolve the organs of the regions or their members and officials, as the case may be. This renders impeachment superfluous. In the event of 'impeachable' misconduct occurring in the North-West and South-West regions, are the clearly defined powers of central government officials and of the administrative courts not more likely to be promptly invoked than the fuzzy power to impeach that has been given to the regional assemblies of these regions? This meaningless 'power' is yet another hoax that is meant to buttress the falsehood that the two anglophone regions have been granted a 'special status' by the law of 24th December 2019.

d) *Establishment of the office of public independent conciliator for the North-West and South-West regions*

The post of a *'public independent conciliator'* that is portrayed as another key element of the supposed special status was established by the law of 24th December 2019, but only for the North-West and South-West regions. To give the impression that this post is specifically and exclusively for these two anglophone regions, it is called the *'public independent conciliator' even in the French version of the law and of the implementation decree of 24 December 2020!* However, such a function has never been part of the experience, history, heritage or values of the North-West and South-West regions. In the Southern Cameroons/Federated State of West Cameroon, citizens whose rights were violated or abused by public officials at national or local level sought redress through the ordinary customary and law courts. Therefore, the establishment of the post of a public independent conciliator for the North-West and South-West regions appears to be yet another desperate effort to find things on which to hang their supposed 'special status'.

The law of 24th December 2019 assigned seven tasks to the public independent conciliator. Only three of them are capable of somewhat protecting the rights of the inhabitants of the North-West and South-West regions. In fact, two of these add up to just one, since the task of *"examining and amicably settling disputes between members of the public and regional and local council administrations"* is not so different from that of *"defending and protecting the rights and freedoms of citizens in their dealings with local authorities"*. The other four tasks, such as to *"propose legislative and regulatory amendments to the President of the Republic"* and *"preparing a report on the functioning of regional and council services"*, are bureaucratic processes whose real impact on the lives and freedoms of inhabitants of the North-West and South-West regions will be minimal.

The public independent conciliator is unlikely to carry out his duties freely in the governance culture prevailing in Cameroon today. The actions and measures expected of him are rarely taken when local services, officials or agents of the central government such as regional governors, senior divisional officers, divisional officers and police and gendarmerie officers abuse and violate the rights of citizens. Taking them when services, officials or agents of regional and municipal councils violate or abuse the rights of the same citizens in the same territory is likely to be just as rare.

The law of 24th December 2019 describes the public independent conciliator as *"an independent regional authority"*. It ranks him in protocol at the same level as the president of the regional executive council. However, it will be difficult for him to assert his independence against the regional governor and the president of the regional executive council. The law gave them the power to propose him jointly to the President of the Republic for appointment. The public independent conciliator is appointed for a non-renewable term of six years. This, in principle, shields him from the vulnerabilities of re-appointment. However, under the same law, he is liable to be terminated in the event of physical or mental disability that is jointly established by the regional governor and the president of the regional executive council who proposed him for appointment. The fact that both his appointment and termination occur on the proposal of these two officials who are likely to be among persons targeted by the actions that he takes in the performance of his duties exposes him to potential blackmail, intimidation or manipulation by them, and could undermine his independence.

After examining a dispute that has been referred to him, the public independent conciliator can make recommendations aimed at ensuring that the rights and freedoms of the aggrieved party are respected, settling the dispute, or preventing its recurrence. If his recommendations are not heeded, he may order the offending local authority or its official to take the measures that appear to be necessary, and set a deadline for doing so. However, if his order also goes unheeded, all that the law allows him to do is to prepare a 'special report' on the matter and communicate it to the offending party and to the regional governor in his capacity as the 'representative of the State'. The offending party is free to respond or not to anything stated in the special report. While the public independent conciliator may make public both his special report and any response received from the officials implicated in it, he has no power to compel anyone to comply with his recommendations or orders. This considerably diminishes his effectiveness and utility. It also calls into question the claim that the existence of this post proves that the North-West and South-West regions enjoy a 'special status'.

No less than their compatriots of the North-West and South-West regions, the inhabitants of the eight francophone regions are entitled to have their rights protected and defended against violation or abuse by local authorities and their officials. If the function of the public independent conciliator is truly to secure such rights, it should be made to serve the inhabitants of these regions as well. Denying them the services of this public official in order to foster the false notion that they are reserved for the North-West and South-West regions as a 'special status' privilege is absurd.

e) *Potential 'harmonization' of elements of the supposed special status*

This reflection has identified some minor respects in which, under the law of 24th December 2019, there appears to be a modicum of difference between the North-West and South-West regions, on the one hand, and the eight francophone regions, on the other hand. These differences are petty and inconsequential. They could easily be removed in future through statutory instruments enacted by a centralizing government with a penchant for 'harmonizing' local governance in the ten regions. In the coming months and years, the Government will seek to sustain the false impression of a 'special status' for the North-West and South-West regions while using them to test certain features of the new decentralization regime introduced in 2019. Thereafter, it is likely to amend the law of 24th December 2019 and the implementation decree of 24th December 2020 so as to eliminate the tenuous differences that appear to exist now between the two anglophone regions and the eight francophone regions. Such amendments are likely to extend to the latter regions the inconsequential powers, institutions and procedures that are portrayed today as foundational elements of the supposed 'special status' of the North-West and South-West regions, some of which are already being enjoyed, *in practice*, by the francophone regions.

Hence, it would not come as a surprise if, having regard to the issues discussed above, the law of 24 December 2019 were to be amended in due course so as to: (i) explicitly allow the francophone regions to 'participate' in the government's formulation of national policies relating to the francophone education sub-system and the status of traditional chiefdoms in their respective territories; (ii) expressly give the eight francophone regions the power to set up and manage development authorities; **(iii)** expressly provide for the francophone regions to be 'consulted' when the government formulates policies relating to the administration of justice based on the Civil Law; **(iv)** expressly require that the francophone regions be 'involved' in the creation and management of public services established by the government in their respective territories; **(v)** rename the deliberative organ of francophone regions as the 'regional assembly' and make it a bicameral body comprising a *'House of Divisional Representatives'* and a *'House of Chiefs'*; **(vi)** institute a collegial 'regional executive council', headed by a president and including 'commissioners', as the executive organ of a francophone region; **(vii)** grant the regional assembly in francophone regions the power to impeach; and **(viii)** establish the office of public independent conciliator for the francophone regions. With respect to items **(i)** to **(iv)**, changes are likely to be made through statutory instruments issued by central government authorities, notably the President of the Republic, without waiting for the law to be amended by parliament.

The ease with which this could happen is exemplified by presidential decree No. 2020/526 issued on 2nd September, 2020 by President Paul Biya. The law of 24th December 2019 had fixed at 20 the number of traditional rulers to sit in the regional assembly in the North-West and South-West regions. Implicitly, it left the number of traditional rulers sitting in the *conseil régional* in the eight francophone regions to be determined by the socio-political dynamics within each region, subject only to the legally-imposed condition that every regional council should *"reflect the various sociological components of the region"* and, in particular, *"ensure representation of the region's indigenous people, minorities and gender"*. Hence, in a particular francophone region, the 90 members of a *conseil régional* could include 20 traditional rulers, or more, or less, depending on how stakeholders in that region perceived its 'sociological composition', and the weight to be given to each 'sociological component', such as traditional rulers, in constituting its regional council.

The first regional council elections under the new decentralization scheme took place on 6th December, 2020. A few months earlier, on 2nd September, the President of the Republic issued the above-referenced decree in which he fixed the number of traditional rulers to sit in the *conseil régional* of each of the eight francophone regions mandatorily at 20. By this executive order, the President implicitly amended the law of 24th December 2019, **imposed** 20 traditional rulers on francophone regional councils, and extended to them what the law had prescribed only for the two anglophone regions. In the coming months and years, the President of the Republic could just as easily amend other provisions of the law of 24th December 2019 implicitly or explicitly by decree, and extend features of the supposed 'special status' of the North-West and South-West regions to the eight francophone regions as well, under the pretext of 'harmonizing' local governance in the ten regions of the country.

While this may appear speculative, the perspective is shared by state officials closely associated with the design and implementation of the decentralization scheme that was introduced by the law of 24th December 2019. In his above-mentioned presentation of 22nd September 2021, the Director-General of the National School of Local Administration expressed the view that the special status is *"a great privilege accorded by the State only to the North West and South West regions **for now**"*. Significantly, he added: *"Nothing stops the eight other Regions from benefitting from the Special Status too. But **for now**, the State has awarded it only to the North West and South-West Regions. This situation is **rightly** making the eight other Regions **envious**. … It is very important for these two Regions to take advantage of the fact that they are the only two Special Status Regions **for now**, to fully exploit it … The advantages they may draw from being the only two Special Status Regions **as of now** may not be available to them **if they were to one day be in competition with other Regions** of similar status"*[ix]. This clearly demonstrates that, in the minds of prominent public officials, the supposed 'special status' of the anglophone regions is meant to be provisional and experimental.

5. Conclusion and recommendations

This reflection has examined the scope of the 'special status' that is alleged to have been granted to the

North-West and South-West regions of Cameroon and reviewed the devolution of supposed additional powers to these regions, the mode of organization and functioning of local authorities (including the position of the secretary-general and the role of the regional administration), the power of regions to initiate impeachment, and the establishment of the office of a public independent conciliator. The Government of Cameroon portrays these aspects of the new scheme of decentralized governance as key elements of the 'special status' supposedly granted to the two anglophone regions by the law of 24th December 2019. The review shows that, contrary to the claims of the Government, the North-West and South-West regions do not enjoy a genuine 'special status'. Their 69 grassroots councils are totally excluded from whatever 'special status' may have been granted. Even at the level of regional councils, the two in the anglophone regions are not different from the eight in the francophone regions. They all have the same powers and responsibilities. They are organized and function in essentially the same manner. They have the same sources of revenue. Their administration is guided by the same laws, rules and regulations. And they are tightly supervised and controlled by the same officials and agents of the central government, especially the regional governor acting as the 'representative of the State'.

The law of 24th December 2019 acknowledged that the North-West and South-West regions have their distinctive specificities, history, heritage, and values on which it purported to base their supposed 'special status'. The ability of these regions to safeguard these traits is jeopardized by the power given to the President of the Republic by Article 61 (2) of the Constitution and section 260 of the law of 24th December 2019 to change the names, and alter the boundaries, of existing regions, as well as to create, name, and fix the boundaries of, new ones. The President may be tempted to use and abuse this power to divide and weaken the North-West and South-West regions by creating new regions within their current boundaries. In an extreme case, he could create new regions and delineate their boundaries in a manner that encloses parts of Anglophone Cameroon and parts of Francophone Cameroon within the same region. Although lawful under the Constitution and laws currently in force, such an act would aggravate the phenomenon of assimilation and subjugation of the North-West and South-West regions and their people, perpetuate the 'anglophone problem', and exacerbate the 'anglophone crisis'. It is, therefore, to be avoided.

Throughout the country and in the international community, the recommendation of Major National Dialogue participants in October 2019 to grant a 'special status' to the North-West and South-West regions was greeted with a sense of relief and optimism. It raised hopes of finding a just and lasting solution to the 'anglophone problem' and ending the 'anglophone crisis', with full recognition and effect being given to the language specificity, historical heritage and civic, historical, social, and cultural values of these regions and to the aspirations of their people.

To the great disappointment of many stakeholders and observers, the system of decentralized governance introduced by the law of 24th December 2019 and the implementation decree issued by President Paul Biya on 24th December 2020 did not offer the appropriate framework for attaining this paramount goal. Even with its supposed 'special status' elements, this system does not address the fundamental grievances relating to the marginalization, domination, assimilation, subjugation and takeover of the territory and people of the Southern Cameroons (present-day North-West and South-West regions of Cameroon) that lie at the core of the sixty-year-old 'anglophone problem' and of the five-year-old 'anglophone crisis'. It comes nowhere close to shielding the North-West and South-West regions and their people from the impending obliteration of their 'historical heritage', 'language specificity', and 'historical, social, and cultural values'. It has not introduced any public governance reforms in the North-West and South-West regions that could form the basis for addressing the 'anglophone problem' and ending the 'anglophone crisis'.

All through this review, it has been seen that the much-vaunted 'special status' supposedly granted to the North-West and South-West regions by the law of 24th December 2019 and the presidential decree of 24th December 2020 is an empty shell. These two legal instruments contain an impressive list of areas in which local authorities may exercise 'devolved powers'. But they fail to lay down a precise timetable and a clear procedure for the effective transfer of these powers and related resources from the central government to local authorities. They also contain a remarkable list of possible sources of revenue for regional and municipal councils. But they fail to specify how this revenue may be collected and to demonstrate that the revenue derived in due course would be sufficient to meet the funding requirements of these councils.

When state officials have had to grope around for something positive to say about the supposed 'special status' of the North-West and South-West regions, they have been pushed by its inherent emptiness to ascribe to it virtues that it evidently does not possess. For example, in his previously mentioned presentation of 22nd September 2021, the Director-General of the NASLA claimed that the 'special status' is "*a unifying factor, not a divisive one*"[x]. How, it may be asked, is the fictitious 'special status' a unifying factor? Whom does it unify? In another vacuous assertion, the same Director-General stated on the same occasion that the 'special status' is "*a major concession by the State to the Anglophones because it is a radical change of posture. From denying the existence of (Anglophone grievances), Government has moved to embracing them courageously and trying to bring concrete answers to them. This change in attitude by the State of Cameroon should be more vigorously appreciated and highlighted*"[xi]. Are we to believe, then, that the supposed 'special status' of the North-West and South-West regions was conceived to correct the initial 'posture' and 'attitude' of the Government in the face of the grievances of the people of these regions?

In essence, 'special status' is becoming the bin into which everything is dumped, even by the media. Under the headline **'Special Status: North-West Region to Get Gas Plant'**, it was recently reported that "*The president of the Northwest regional assembly has announced there shall be the construction of a gas plant in Bamenda to resolve the high cost of purchasing household gas*"[xii]. It is as if everything that concerns the regional assemblies and executives of the two anglophone regions must have to do with 'special status'. Would it be a feature of 'special status' if the president of the *conseil régional* of a francophone region were to announce the construction of a gas plant in his regional capital to reduce the cost of household gas for the consumer in that region?

The 'anglophone problem' and the 'anglophone crisis' cannot be resolved by military means. Their resolution calls for meaningful reform of the country's governance system. In this context, successive regimes in Yaounde, whether led by anglophone or francophone elites, need to understand that no generation of Southern Cameroonians would ever accept marginalization, domination, assimilation, subjugation and takeover of themselves and their territory. Nor would they accept the obliteration of their language specificity, historical heritage or historical, social and cultural values.

A system of national and local governance that fails to address the root causes of the 'anglophone problem' is likely to lead to a recurrent spiral, from generation to generation, of the 'anglophone crisis'. The law of 24th December 2019 pretended to base the imaginary 'special status' that it purported to grant to the North-West and South-West regions on the distinctive traits of these regions. In reality, after mentioning them superficially, it quickly ignored these traits and left it to "separate instruments", whose enactment is uncertain, to specify their **content** in future.

Full and constitutionally guaranteed autonomy for the North-West and South-West regions within Cameroon is pivotal. It constitutes the most promising pathway to resolving the 'anglophone problem' and ending the 'anglophone crisis', while safeguarding the country's territorial integrity. Its realization should be at the centre of all initiatives taken in and out of Cameroon towards achieving this outcome. It should genuinely reflect the aspirations of the people of these two regions, as well as their 'language specificity', their 'historical heritage', and their 'historical, social and cultural values'.

Full autonomy for the North-West and South-West regions guaranteed by the Constitution offers a potential meeting point for separatists who advocate the break-up of Cameroon and the 'restoration of the independence of the Southern Cameroons', and assimilationists within the governing elite who advocate the perpetuation of marginalization, domination, assimilation, subjugation, and takeover of the Southern Cameroons (today's North-West and South-West regions of Cameroon) and its people.

Autonomists who are keen to see the anglophone regions run their own affairs within the framework of a federation would accommodate a system in which the North-West and South-West regions enjoy full autonomy guaranteed by the Constitution and that results in the loosening of the stranglehold of central government officials and agents at the national, regional and local levels, especially the regional governor, the senior divisional officer and the divisional officer, on regional bodies, cities, sub-divisions and municipalities in the North-West and South-West regions.

Full autonomy for the North-West and South-West regions guaranteed by the Constitution should encompass multiple areas of governance, not just the few hinted at in the supposed 'special status' provisions of the law of 24th December 2019, including the so-called 'additional powers' that are said to have been given to the two anglophone regions. It should embrace a broad spectrum of subjects in an array of public domains that are specific to, and characteristic of, the North-West and South-West regions and their people, are in tune with their conception of the exercise of political power in a democracy governed by the rule of law, and reflect their heritage, culture, values, and aspirations in the field of democratic governance.

Under a new constitutional dispensation, the North-West and South-West regions may obtain full autonomy either as one territory or as two separate entities. This is a matter for further debate and national consensus, considering the divergent views currently held on the issue among Cameroonians in general, and Anglophones in particular. If they obtain autonomy as separate entities, these two regions should have the option, enshrined in the Constitution, to exercise it jointly with respect to certain matters, in light of the language specificity, history, heritage, values and aspirations that they share. The stage for such an option was set by the law of 24th December 2019. It states that local authorities *"may freely maintain operational and cooperation ties between them"*; and may, to this end, *"form groupings to exercise joint interest powers by setting up public cooperation bodies through agreements"*; and that *"two or more regions may, on the initiative of their respective presidents, reach an understanding between them on matters of common regional interest"*.

Therefore, if administered autonomously but separately, the North-West and South-West regions should be free to coordinate and harmonize their policies, and adopt and implement joint strategies and action plans, in areas of common interest. Such areas include, but are not limited to: exercise of state authority in the regions; management of the anglophone sub-system of education from nursery, primary and secondary to tertiary levels; administration of justice based on the Common Law; promotion and enhancement of English as one of two official languages equal in status; establishment and management of regional and local police services; regulation and oversight of the media, the journalism profession and citizens' access to public information; promotion and protection of the human rights of citizens; regional and local economic, social and cultural development, including the regulation, management, exploitation, transformation, storage, and marketing of natural resources; generation of revenue for regional and municipal councils; and unfettered administration and management of regional, city, sub-divisional and municipal councils within each region.

In view of their character, importance and scope, these subjects and other matters of similar magnitude are not local in nature, and should not be left in the hands of local authorities. The North-West and South-West regions may have to establish joint authorities or boards to regulate and manage them, similar to the General Certificate of Education (GCE) Board that currently regulates and manages the examination system for secondary schools in regions where the anglophone sub-system of education prevails.

The need to identify all subjects and domains over which the North-West and South-West regions should have full autonomy heightens the necessity for the Government to enact, without further delay, the much-awaited "separate instruments" promised by section 3 (4) of the law of 24th December 2019. These instruments are required to give content, meaning and effect to the *"specificities and peculiarities"* of the North-West and South-West regions that have been formally acknowledged by this law and on which it purports to base their supposed 'special status'.

A new entity came into being on 1st October 1961, when a decolonization process conceived, designed and implemented by the international community under the auspices of the United Nations produced the union between the English-speaking Southern Cameroons and the French-speaking Republic of Cameroon. The Federal Republic of Cameroon born of that union had a dual (Anglo-French) heritage not only with respect to its two official languages (English and French), but in all matters relating to public governance. Today, the future of that entity hangs precariously in the balance. It is the collective duty of all Cameroonians to preserve it, with the encouragement, support and facilitation of individuals, institutions, organizations, and nations of good will within the international community.

To this end, a genuine, frank, comprehensive and inclusive national dialogue on the 'anglophone problem' and the 'anglophone crisis' needs to be held, preceded by a preparatory meeting of Anglophones among themselves. The convening, organization, deliberations and outcome of this national dialogue should improve upon the so-called 'Major National Dialogue' that the Government staged in Yaounde from 30th September to 4th October 2019. It turned out, in fact, to be more consultation than dialogue.

PARTIE B : PAS DE 'STATUT SPÉCIAL'

Résumé

Le Nord-Ouest et le Sud-Ouest sont deux régions anglophones du Cameroun, sur les dix régions que compte le pays ; les huit autres étant francophones. Ces deux régions sont enfermées dans un conflit armé depuis novembre 2017. Pour qu'elles retrouvent une vie normale, le « problème anglophone » vieux de soixante ans doit être résolu et la « crise anglophone » vieille de cinq ans qu'il a engendrée doit prendre fin.

Un « Grand Dialogue National » (GDN) convoqué par le gouvernement pour examiner la situation du 30 septembre au 4 octobre 2019 à Yaoundé, la capitale nationale, a recommandé l'octroi d'un « statut spécial » aux deux régions en crise. Par la suite, une **« loi portant code général des collectivités territoriales décentralisées »** promulguée le 24 décembre 2019 a prévu un **« statut spécial des régions du Nord-Ouest et du Sud-Ouest »**, sans pour autant s'attaquer aux causes profondes du *problème et de la crise anglophones. Deux ans après le GDN, la crise socio-politique et sécuritaire persiste dans ces régions.*

*La présente réflexion porte sur le « **statut spécial** » prétendument accordé aux régions du Nord-Ouest et du Sud-Ouest. Elle constate que, tel qu'il est actuellement conçu, le « statut spécial » est dépourvu de substance et ne saurait offrir une voie viable pour résoudre le « problème anglophone » et mettre un terme à la « crise anglophone ».*

La pleine autonomie des régions du Nord-Ouest et du Sud-Ouest est nécessaire pour une résolution juste, pacifique et durable du problème et de la crise anglophones. Elle devrait être au centre des efforts concertés visant la réalisation de cet objectif.

Une nouvelle entité a vu le jour le 1er octobre 1961 lorsqu'un processus de décolonisation conçu et mis en œuvre par la communauté internationale sous les auspices des Nations unies a abouti à l'union entre le Southern Cameroons anglophone et la République du Cameroun francophone. La République fédérale du Cameroun qui en est issue a reçu un double héritage (anglo-français) sur tout ce qui concerne la gestion des affaires publiques. Aujourd'hui, l'avenir de cette entité chancèle précairement. Il est du devoir collectif de tous les camerounais d'y remédier, avec les encouragements, l'appui et la facilitation de la communauté internationale.

1. Introduction

Le 1er octobre 1961, les territoires du Southern Cameroons[xiii] anglophone et de la République du Cameroun francophone se sont unifiés pour former un nouvel état bilingue, la République fédérale du Cameroun. Depuis plus de quarante ans, le premier était administré par le Royaume-Uni, le second par la France, en tant que territoires initialement sous le mandat de la Société des nations, puis, sous la tutelle des Nations unies. Cela a légué au nouvel État un double héritage « anglo-français », non seulement en ce qui concerne ses deux langues officielles (l'anglais et le français), mais aussi dans tous les domaines de la gouvernance démocratique. Prenant acte de cette réalité, la Constitution de la république fédérale entrée en vigueur à la même date du 1er octobre 1961 a laissé à chaque territoire la liberté de se gouverner en tant qu'« *État fédéré* » autonome.

En 1972, un système de gouvernement

hypercentralisé dominé et dirigé par l'élite politique majoritairement francophone a remplacé la fédération. Dans le cadre de ce système, le territoire du Southern Cameroons a été administrativement découpé en « provinces » (rebaptisées « régions » par la suite) du Nord-Ouest et du Sud-Ouest. Pendant le demi-siècle qui a suivi, la minorité anglophone habitant ce territoire a été soumise à l'assimilation systématique, à l'effacement progressif de son héritage historique et de son identité spécifique, ainsi qu'à l'assujettissement à la « domination francophone ». Voilà, en un mot, la genèse et le nœud du 'problème anglophone' au Cameroun.

Au fil des années, les « Southern Cameroonians », populations autochtones du territoire anglophone (appelées communément « les Anglophones »), ont organisé sporadiquement des manifestations pacifiques contre l'assimilation et l'assujettissement à la domination francophone. Dans le cadre de l'une de ces initiatives, des enseignants, étudiants et avocats (dénommés « *common law lawyers* ») anglophones ont lancé une manifestation pacifique en octobre 2016. Un an plus tard, elle s'est muée en une insurrection armée orchestrée par les partisans de la séparation et de « la restauration de l'indépendance du Southern Cameroons ». Depuis fin novembre 2017, les régions du Nord-Ouest et du Sud-Ouest sont le théâtre de la « *crise anglophone* » - un conflit armé opposant les forces gouvernementales aux combattants séparatistes avec des conséquences sociales, économiques et humanitaires dévastatrices pour les populations. Les « séparatistes » prétendent que le président Paul Biya a déclaré la guerre aux populations du Southern Cameroons en 2017 et qu'ils se battent en légitime défense et pour répondre à la répression brutale et cruelle menée par les forces armées gouvernementales contre des manifestants pacifiques et des civils sans armes au début de la crise. De son côté, le gouvernement justifie son déploiement massif de troupes lourdement armées dans les régions du Nord-Ouest et du Sud-Ouest par la nécessité de repousser une insurrection séparatiste et de sauvegarder l'intégrité territoriale du Cameroun qui doit rester « un et indivisible ».

Un « Grand Dialogue National » (GDN) organisé par le gouvernement pour examiner la situation s'est tenu du 30 septembre au 4 octobre 2019 à Yaoundé, la capitale nationale. Les participants ont recommandé l'octroi d'un « **statut spécial** » aux régions du Nord-Ouest et du Sud-Ouest, en laissant au gouvernement le soin d'en élaborer le **contenu**. Par la suite, une « **loi portant code général des collectivités territoriales décentralisées** » a été promulguée le 24 décembre 2019 par le président Paul Biya[xiv]. Elle a prétendu accorder un 'statut spécial' aux deux régions anglophones en raison de ce qu'elle appelle leur '*spécificité linguistique*' et leur '*héritage historique*'. Depuis, le gouvernement camerounais clame devant la nation et la communauté internationale que ce 'statut spécial' est la bonne, suffisante et unique base à partir de laquelle le « problème » et la « crise » anglophones peuvent être résolus.

2. Loi du 24 décembre 2019

La partie V du Livre IV de la loi du 24 décembre 2019 a pour titre : « *Statut spécial des régions du Nord-Ouest et du Sud-Ouest* ». Elle affirme d'emblée qu'« *Un statut spécial est reconnu aux régions du Nord-Ouest et du Sud-Ouest conformément aux dispositions de l'article 62 de la Constitution* », ainsi que « *des spécificités dans l'organisation et le fonctionnement de ces deux Régions* », « *sur la base des valeurs historiques, sociales et culturelles de ces régions* ».

La présente réflexion s'intéresse au **contenu** de ce '*statut spécial*' et de ces '*spécificités dans l'organisation et le fonctionnement*' prétendument reconnus aux régions du Nord-Ouest et du Sud-Ouest par la loi du 24 décembre 2019. Il s'agit de vérifier s'ils sont de nature à fournir la base d'une résolution du 'problème' et de la 'crise' anglophones. À cet égard, elle se focalise sur la portée du prétendu « statut spécial » et sur ses éléments particuliers, notamment, les prétendues « compétences supplémentaires » qui auraient été accordées aux régions du Nord-Ouest et du Sud-Ouest, le mode d'organisation et de fonctionnement des collectivités territoriales décentralisées de ces deux régions, la compétence qui leur est reconnue de mettre en œuvre la procédure de l'« *impeachment* » et la création auprès d'elles du poste de « *public independent conciliator* ».

3. Portée du supposé statut spécial des régions du Nord-Ouest et du Sud-Ouest

Dans sa version anglaise, la loi du 24 décembre 2019 mentionne « la spécificité linguistique », « l'héritage historique » et « les valeurs historiques, sociales et culturelles » des régions du Nord-Ouest et du Sud-Ouest comme étant les éléments à la base du « statut spécial » qu'elle prétend leur reconnaitre. En d'autres termes, ces caractéristiques des deux régions en question déterminent **le contenu** et **la portée** de leur supposé « statut spécial ». Alors que « la spécificité linguistique » et « l'héritage historique » apparaissent dans les versions anglaise et française de la loi, la référence aux « valeurs historiques, sociales et culturelles » est mystérieusement omise de la version française. Elle aurait été insérée dans la version anglaise après coup, pour cajoler les régions anglophones afin de les faire accepter l'idée qu'elles jouissent d'un véritable **statut spécial** en fonction de leurs « *spécificités et particularités* ».

Ces notions de « spécificité linguistique », « héritage historique » et « valeurs historiques, sociales et culturelles » introduites par la loi du 24 décembre 2019 sont plutôt abstraites et imprécises. Elles auraient dû être suffisamment clarifiées et détaillées par cette loi afin d'en préciser le sens exact et de montrer dans quelle mesure elles ont véritablement façonné le supposé « statut spécial » des régions du Nord-Ouest et du Sud-Ouest. La loi ne l'a pas fait. Bien au contraire, elle stipule à l'article 3 al. 4 que « *le contenu des spécificités et particularités* » des régions du Nord-Ouest et du Sud-Ouest sur lesquelles se fond leur « statut spécial » « *sera précisé par des textes particuliers* ». Cela pose un problème de logique et de chronologie : comment peut-on prétendre que les régions du Nord-Ouest et du Sud-Ouest jouissent *déjà* d'un 'statut spécial', alors que la loi qui prétend le leur accorder prévoit que les '*spécificités et particularités*' qui le sous-tendent restent encore à préciser *dans l'avenir* par des textes particuliers ? Il est évident que tant que ces « *spécificités et particularités* » ne sont pas identifiées et clairement énoncées, l'on n'est pas en mesure de déterminer le contenu qu'elles apportent et le champ qu'elles ouvrent au supposé « statut spécial » des régions du Nord-Ouest et du Sud-Ouest.

Les hauts fonctionnaires de l'Etat sont conscients de cette lacune majeure dans la loi du 24 décembre 2019 et en sont quelque peu gênés. Ils attendent des régions anglophones, au lieu du gouvernement, des mesures pour combler les vides d'une loi qui a été adoptée par le Parlement et promulguée par le Président de la République. Dans un exposé fait à la 2ème session ordinaire du Comité de suivi de la mise en œuvre des Recommandations du Grand Dialogue National présidé par le Premier Ministre à Buea le 22 septembre 2021, le Directeur Général de la *National School of Local Administration* (NASLA) a émis l'idée que, comme elles sont des « *régions pionnières à statut spécial* » les régions du Nord-Ouest et du Sud-Ouest devraient « *en déterminer le contenu par la pratique. Parce que personne au Cameroun n'a déjà eu à faire cela. Perdre du temps dans des critiques stériles du Statut régional, c'est courir le risque de voir cette fenêtre d'opportunité se fermer devant elles »*[xv].

Toujours en relation avec la portée du supposé statut spécial, il est étonnant de constater que toutes les dispositions pertinentes de la loi du 24 décembre 2019 sont entièrement consacrées aux deux conseils régionaux, l'un pour la région du Nord-Ouest basé à Bamenda et l'autre pour la région du Sud-Ouest basé à Buea. Toutes les autres collectivités territoriales décentralisées de ces deux régions, à savoir, les communautés urbaines de Bamenda dans la région du Nord-Ouest et de Limbe et Kumba dans la région du Sud-Ouest, les trois communes d'arrondissement de la ville de Bamenda, les trois communes d'arrondissement de la ville de Limbe, les trois communes d'arrondissement de la ville de Kumba, les 32 communes municipales de la région du Nord-Ouest hors de la ville de Bamenda et les 25 communes municipales de la région du Sud-Ouest hors des villes de Limbe et de Kumba, ne sont *pas du tout* concernées par les dispositions de la loi consacrées au « statut spécial ». Elles sont régies plutôt par les articles 1 à 258 et 372 à 486 de la loi qui régissent également les collectivités territoriales décentralisées des huit régions francophones, à l'exception des conseils régionaux. Donc, pour elles, *il n'y a pas de statut spécial* ! Et pourtant, les activités menées à la base par ces 69 communautés urbaines, communes d'arrondissement et communes municipales des régions du Nord-Ouest et du Sud-Ouest affectent la vie et les moyens de subsistance de leurs populations plus directement que celles menées par les deux conseils régionaux. Comment le supposé statut spécial de ces deux régions peut-il être réel, pertinent et utile alors que ces 69 collectivités territoriales décentralisées de base se trouvent totalement hors de son champ d'application ?

4. Eléments constitutifs du supposé statut spécial des régions du Nord-Ouest et du Sud-Ouest

Dans la version anglaise, la loi du 24 décembre emploie des termes et des titres tels que « *House* », « *Assembly* », « *Executive Council* », « *Regional Executive Council* », « *House of Representatives* », « *House of Chiefs* » et « *Commissioner* ». Ils rappellent les institutions de la gouvernance du Southern Cameroons jusqu'en 1953 sous l'administration de la *Eastern Region of Nigeria* à laquelle il était intégré, et entre 1954 et 1972, lorsqu'il a exercé une certaine autonomie gouvernementale. Ceci est fait pour donner l'impression que les régions du Nord-Ouest et du Sud-Ouest retrouvent désormais des aspects importants de l'« héritage historique » qu'elles avaient perdus suite à la suppression du régime fédéral en 1972.

Comme relevé ci-haut, la loi du 24 décembre 2019 s'appuie sur quatre éléments pour étayer l'idée que, à la différence des huit régions francophones, les deux régions anglophones jouissent d'un « *statut spécial* » et des « *spécificités dans l'organisation et le fonctionnement* ». Il s'agit : **a)** des soi-disant compétences supplémentaires prétendument reconnues aux régions du Nord-Ouest et du Sud-Ouest ; **b)** du mode d'organisation et de fonctionnement des collectivités territoriales décentralisées des deux régions ; **c**) de la compétence des assemblées régionales de ces régions à mettre en œuvre la procédure de l'« *impeachment* » ; et **d**) de la création pour elles du poste de « *public independent conciliator* ». Ces éléments clés du supposé 'statut spécial' sont analysés ci-après. Est-ce qu'ils lui apportent suffisamment de la substance de telle sorte qu'il puisse conduire à la résolution du problème et de la crise anglophones ? Sont-ils de nature à permettre de différencier les collectivités territoriales décentralisées des deux régions anglophones prétendument bénéficiaires du « statut spécial » de celles des huit régions francophones qui ne jouissent pas de ce statut ? La réflexion qui suit tentera de répondre à ces questions.

a) *Les prétendues compétences supplémentaires des régions du Nord-Ouest et du Sud-Ouest*

Le premier élément clé du supposé statut spécial est les prétendues compétences supplémentaires dont jouiraient les régions du Nord-Ouest et du Sud-Ouest. La loi du 24 décembre 2019 a établi une liste de domaines de la gouvernance locale où le pouvoir central est appelé à transférer des compétences aux dix régions sur une période non-déterminée. En dehors de cela, le législateur prétend transférer trois compétences de plus aux deux régions anglophones en témoignage de leur prétendu « statut spécial ». Il s'agit de : *la participation à l'élaboration des politiques publiques nationales relatives au sous-système éducatif anglophone ; la participation à l'élaboration du statut de la chefferie traditionnelle ; et la création et la gestion des missions régionales de développement.* La loi prévoit également que les régions du Nord-Ouest et du Sud-Ouest **peuvent** « *être consultées sur les questions liées à l'élaboration de politiques publiques de justice dans le sous-système de la Common Law* », et « *être associées à la gestion des services publics implantés dans leurs territoires respectifs* » par le pouvoir central. Sur ce, il est prétendu que les régions anglophones détiennent *cinq* « compétences » de plus par rapport aux régions francophones. Dans les paragraphes qui suivent, nous examinons la véracité de cette affirmation.

Certes, la formulation des politiques publiques nationales relatives aux sous-systèmes anglophones d'éducation et de justice, la création des missions régionales de développement, l'élaboration du statut de la chefferie traditionnelle et la création et la gestion des services publics implantés par le pouvoir central sur leurs territoires sont d'un intérêt certain pour les régions du Nord-Ouest et du Sud-Ouest. Sont-elles, pour autant, les matières les plus importantes, voire les seules, sur lesquelles ces deux régions souhaitent se gouverner ? N'y a-t-il pas d'autres domaines de la gouvernance, dont certains sont d'une plus grande importance et plus significatifs encore, où ces deux régions et leurs populations devraient se gouverner au regard de leur « spécificité linguistique », de leur « héritage historique » et de leurs « valeurs historiques, sociales et culturelles » ? Pourquoi ne pas faire figurer de telles matières au régime du prétendu « statut spécial » dès le départ ?

Les sous-systèmes anglophones dans les domaines de l'éducation et de la justice se limitent-ils à la formulation de politiques publiques nationales ? Le domaine de la chefferie traditionnelle se limite-t-il dans les régions anglophones à l'élaboration de son statut ? Si, réellement, les régions du Nord-Ouest et du Sud-Ouest bénéficient d'un « statut spécial » dans ces domaines, pourquoi doit-on le limiter à la formulation de politiques publiques nationales et la définition de statut, selon le cas ? En fait, combien de fois est-ce que le gouvernement élabore des politiques publiques nationales concernant les sous-systèmes anglophones en matière d'éducation et de justice pour que cela soit si important ? Combien de fois élabore-t-il le statut de la chefferie traditionnelle pour que cela soit si déterminant pour les régions du Nord-Ouest et du Sud-Ouest ? Et partant, à quelle fréquence les régions du Nord-Ouest et du Sud-Ouest pourront-elles « participer » à ces processus ?

En tout état de cause, il y a lieu de souligner que toutes les compétences en question, à savoir, l'élaboration des politiques publiques nationales relatives à l'éducation et à la justice, l'élaboration du statut de la chefferie traditionnelle, ainsi que la création et la gestion des « services publics » gouvernementaux, relèvent entièrement du domaine du pouvoir central dans les dix régions du Cameroun. La loi du 24 décembre 2019 offre simplement aux régions du Nord-Ouest et du Sud-Ouest la possibilité de « participer » à l'exercice de ces compétences par le pouvoir central lorsque leurs territoires respectifs sont concernés.

Cette loi n'autorise pas explicitement aux huit régions francophones de « participer » lorsque l'exercice de ces mêmes compétences par le gouvernement porte sur les systèmes d'éducation et de justice, sur la chefferie traditionnelle ainsi que sur les services publics gouvernementaux dans leurs territoires respectifs. Mais elle n'interdit pas non plus leur participation. Dans la pratique, le gouvernement permettra normalement leur « participation » de la même manière, pour les mêmes raisons, dans la même optique et dans la même mesure que pour les régions du Nord-Ouest et du Sud-Ouest. Si la participation des huit régions francophones dans ces conditions ne leur conférerait pas un « statut spécial », pourquoi celle des deux régions anglophones est-elle réputée leur conférer ce statut ?

Le gouvernement n'est pas tenu de consulter les régions du Nord-Ouest et du Sud-Ouest lorsqu'il élabore des politiques publiques nationales concernant le système de justice fondé sur la « Common Law » léguée à ses régions par la colonisation anglaise. Cependant, la loi du 24 décembre 2019 lui reconnait explicitement la faculté de le faire, sans toutefois préciser ni la procédure à suivre pour la consultation ni qu'elle valeur accorder à l'avis émis éventuellement par ces régions lorsqu'elles sont consultées. Cette loi n'accorde pas explicitement au gouvernement la faculté de consulter les huit régions francophones lorsqu'il élabore des politiques publiques nationales concernant le système de justice fondé sur le Droit civil hérité de la colonisation française par ces régions. Cela favorise l'idée que l'option de consulter les deux régions anglophones est un privilège dont elles jouissent en raison de leur « statut spécial ». Toutefois, rien n'empêche au gouvernement de consulter également les régions francophones lorsqu'il élabore des politiques publiques nationales concernant leur sous-système de justice. Dans la pratique, il le fera normalement. S'il le fait, la consultation équivaudrait-elle à l'octroi d'un « statut spécial » aux huit régions francophones ? Si non, pourquoi la même consultation avec les régions du Nord-Ouest et du Sud-Ouest est-elle présentée comme une marque du prétendu « statut spécial » de ces régions ?

La loi du 24 décembre 2019 autorise aussi explicitement aux régions du Nord-Ouest et du Sud-Ouest de créer et gérer des « *missions régionales de développement* ». Il s'agirait là d'une « compétence supplémentaire » détenue par les deux régions anglophones, mais qui aurait été refusée aux huit régions francophones. Ainsi, la création et la gestion des missions régionales de développement sont présentées comme un privilège dont jouissent les régions anglophones en raison de leur « statut spécial ». Or, la même loi reconnait à toutes les collectivités territoriales décentralisées la compétence de « *créer des établissements ou entreprises publics locaux* ». Une « mission régionale de développement » étant « un établissement public local » ou « une entreprise publique locale », chaque région, et non seulement celles du Nord-Ouest et du Sud-Ouest, peut la créer et la gérer en se prévalant de sa compétence de créer des établissements ou entreprises publics locaux. Cela ne saurait être une marque de « statut spécial ».

Il en va de même pour la faculté qui est laissée au gouvernement d'« **associer** » les régions du Nord-Ouest et du Sud-Ouest à la création et à la gestion des services publics implantés par lui sur leurs territoires respectifs. La loi du 24 décembre 2019 ne reconnait pas explicitement au gouvernement la même faculté d'« associer » les huit régions francophones à cette activité quand il la mène sur leurs territoires respectifs. Par conséquent, la faculté d'« associer » des régions anglophones prévue par la loi est présentée, elle aussi, comme un privilège de « statut spécial ». Toutefois, dans la pratique, chaque fois qu'il le jugera nécessaire, utile ou opportun, le gouvernement « associera » n'importe quelle région à la création et à la gestion des services publics sur son territoire. C'est une question de bon sens et de bonnes pratiques, plutôt qu'une marque de « statut spécial ».

La discussion qui précède montre bien que toutes les *cinq* soi-disant « compétences supplémentaires » dont jouiraient les régions du Nord-Ouest et du Sud-Ouest en raison de leur prétendu « statut spécial » ne sont pas substantielles et n'appartiennent pas spécifiquement ou exclusivement à ces deux régions. Elles relèvent plutôt du domaine du gouvernement. Les régions du Nord-Ouest et du Sud-Ouest sont simplement autorisées par la loi du 24 décembre 2019 à « participer », à être « consultées » ou à être « associées » lorsque le gouvernement exerce ces diverses compétences en rapport avec leurs territoires respectifs. La loi ne précise ni le sens de la « participation », de la « consultation » ou de l'« association » de ces deux régions, ni la procédure à suivre dans ces processus, ni quelle valeur accorder aux avis émis éventuellement par les régions concernées. Cela doit être déterminé à chaque occasion par le gouvernement qui est libre d'étendre ces mêmes « privilèges » aux huit régions francophones quand il le juge opportun.

En dernière analyse, les compétences dévolues aux régions du Nord-Ouest et du Sud-Ouest par la loi du 24 décembre 2019 ne sont ni différentes ni plus étendues que celles dévolues aux huit régions francophones. Par conséquent, l'idée selon laquelle les régions du Nord-Ouest et du Sud-Ouest se sont vues attribuées *cinq* « compétences supplémentaires », en raison de leur prétendu « statut spécial », est sans fondement.

Il en demeure ainsi même si on tient compte de l'article 337 al. 2 de la loi du 24 décembre 2019. Il stipule que la *house of chiefs* des régions anglophones « *émet un avis conforme* » sur « *le statut de la chefferie traditionnelle ; la gestion et la conservation des sites, monuments et vestiges historiques ; l'organisation des manifestations culturelles et traditionnelles dans la Région ;* (et) *la collecte et la traduction des éléments de la tradition orale* ». Il s'agit là des questions triviales faisant partie de la routine quotidienne de tout chef traditionnel. En fait, ces matières n'ont rien de « spécial » dans la mesure où elles figurent à l'article 273 paragraphe (a) de la loi parmi les compétences transférées par le pouvoir central aux dix régions dans le domaine de la culture. Comment peut-il s'agir d'un privilège de « statut spécial » lorsque 20 chefs traditionnels de la région du Nord-Ouest ou de celle du Sud-Ouest réunis au sein de la « *house of chiefs* » émettent leur « avis » sur ces questions banales ?

b) *Mode d'organisation et de fonctionnement des collectivités territoriales décentralisées des régions du Nord-Ouest et du Sud-Ouest*

Le mode d'organisation et de fonctionnement des collectivités territoriales décentralisées des régions du Nord-Ouest et du Sud-Ouest est également présenté comme un élément clé de leur supposé « statut spécial » car, selon la loi du 24 décembre 2019, ces régions jouissent « *des spécificités dans l'organisation et le fonctionnement* » en raison de ce statut. Dans la version anglaise, mais curieusement pas dans la version française, cette loi ajoute que cela se fond sur les « *valeurs historiques, sociales et culturelles* » desdites régions. Toutefois, vu de près, le mode d'organisation et de fonctionnement des collectivités territoriales décentralisées des deux régions anglophones semblent suivre le même schéma que celui des huit régions francophones.

Comme déjà remarqué plus haut, les 69 communautés urbaines, communes d'arrondissement, et communes municipales des régions du Nord-Ouest et du Sud-Ouest ne sont *pas du tout* concernées par les dispositions de la loi relatives au « statut spécial ». L'organisation et le fonctionnement de ces collectivités territoriales décentralisées de base suivent le même schéma que pour leurs homologues francophones en application des articles 1 à 258 et 372 à 486 de la loi. Il n'y a donc, pour elles, ni « *statut spécial* » ni « *spécificités dans l'organisation et le fonctionnement* ».

En ce qui concerne les conseils régionaux, les deux des régions anglophones sont organisés et fonctionnent essentiellement de la même manière que les huit des régions francophones. Les quelques différences infimes que l'on peut observer sont purement symboliques, comme on le verra ci-après. La loi du 24 décembre 2019 ne prévoit-elle pas à l'article 499 que les « *dispositions communes relatives à l'organisation et au fonctionnement* » des huit régions francophones sont également applicables aux deux régions anglophones ? Par ailleurs, elle stipule à l'article 351 que « *les modalités de fonctionnement du Conseil Régional* » des régions francophones « *s'appliquent à l'Assemblée Régionale des Régions du Nord-Ouest et du Sud-Ouest* ». Les règles régissant *l'administration régionale* dans les huit régions francophones s'appliquent également aux deux régions anglophones. Ainsi, tant au niveau régional qu'au niveau municipal, le mode d'organisation et de fonctionnement des collectivités territoriales décentralisées des deux régions anglophones ne diffère pas de celui observé dans les huit régions francophones. C'est ce qui ressort de l'examen ci-après de certains aspects clés du régime d'organisation et de fonctionnement des conseils régionaux dans les dix régions.

Un, certains '*principes et politiques prépondérants*' énoncés par la loi du 24 décembre 2019 doivent être suivis par les collectivités territoriales décentralisées des régions du Nord-Ouest et du Sud-Ouest tout comme celles des huit régions francophones. Ces régions sont toutes tenues d'exercer « *leurs activités dans le respect de l'unité nationale, de la solidarité, de l'intégrité du territoire et de la primauté de l'Etat* ». Elles doivent exercer leurs compétences « *dans le respect des sujétions imposées par la défense nationale* ». En plus, l'exercice de leurs compétences « *n'empêche pas les autorités de l'État de prendre ... les mesures nécessaires à l'exercice des attributions desdites autorités en matière de sécurité, de défense civile ou militaire, conformément aux lois et règlements en vigueur* ». Elles sont astreintes de suivre les directives énoncées et qualifiées de « *principes fonctionnels* » par l'article 39 de la loi, faute de quoi, conformément à cet article, toute résolution ou décision qu'elles prennent est susceptible d'être annulée par le « représentant de l'Etat ». En tout cela, aucune distinction n'est faite entre les collectivités territoriales décentralisées des régions du Nord-Ouest et du Sud-Ouest et celles des huit régions francophones.

Deux, l'organe délibératif régional est le « *conseil régional* » dans les huit régions francophones et « *l'assemblée régionale* » dans les deux régions anglophones. Dans un cas comme dans l'autre, il comprend 90 membres. Ces organes exercent les mêmes compétences et assument les mêmes responsabilités. Ils tirent leurs ressources humaines et financières des mêmes sources. Ils sont soumis au même niveau de supervision et de contrôle par le gouverneur de région agissant en qualité de « représentant de l'État ». L'unique différence entre ceux des régions anglophones et leurs homologues des régions francophones réside dans leurs appellations respectives : « *assemblée* » ou « *conseil* ». Elle est trop triviale pour conforter l'affirmation selon laquelle les régions du Nord-Ouest et du Sud-Ouest bénéficient « des spécificités dans l'organisation et le fonctionnement », en raison de leur supposé « statut spécial ».

Trois, aux termes de la loi, les 90 membres de l'assemblée régionale des régions du Nord-Ouest et du Sud-Ouest sont tenus de se réunir en deux chambres distinctes : les 70 membres n'ayant pas le statut de chef traditionnel siègent en tant que « *house of divisional representatives* », tandis que les 20 ayant ce statut siègent à part en tant que « *house of chiefs* ». Cette structure bicamérale de l'assemblée, prise ensemble avec les désignations de « *house of divisional representatives* » et de « *house of chiefs* », *même dans la version française de la loi*, est faite pour créer l'illusion de la restitution des « *House of Assembly* » et « *House of Chiefs* » que le Southern Cameroons/État fédéré du Cameroun occidental a connues entre 1954 et 1972. Or, il convient d'observer que la « *House of Assembly* » et la « *House of Chiefs* » d'antan étaient des organes législatifs à part entière investis du plein pouvoir législatif dans tous les domaines de compétence des États fédérés au sein de la fédération. Elles fonctionnaient indépendamment du pouvoir exécutif de l'État fédéré. Leur compétence territoriale couvrait l'ensemble des actuelles régions du Nord-Ouest et du Sud-Ouest.

En revanche, les « *house of divisional representatives* » et « *house of chiefs* » créées par la loi du 24 décembre 2019 ne sont pas du tout investies d'un pouvoir législatif. Leur compétence matérielle se limite aux domaines de compétence imprécis que le pouvoir central est appelé à transférer aux régions par intermittence, à la pièce et à volonté sur une période indéterminée. Leur compétence territoriale est partagée entre les régions du Nord-Ouest et du Sud-Ouest. Elles sont soumises à la supervision et au contrôle stricts du pouvoir central à travers les différentes compétences et mesures exercées ou prises par le président de la République, le Premier ministre, le Ministre en charge des collectivités territoriales décentralisées, celui en charge des finances et le gouverneur de région, chacun dans son domaine. La loi accorde à ces hauts fonctionnaires le pouvoir de suspendre ou de dissoudre l'assemblée régionale composée des nouvelles *'house of divisional representatives'* et *'house of chiefs'*. En clair, celles-ci ne ressemblent en rien aux *House of Assembly* et *House of Chiefs* d'autrefois qui constituaient le pouvoir législatif dans un régime de démocratie parlementaire, et ne sont aucunement leur réincarnation.

Entre 1958 et 1972, le Cameroun francophone, connu sous le nom d'« État fédéré du Cameroun oriental » d'octobre 1961 jusqu'en juin 1972, couvrait toutes les huit régions francophones du Cameroun d'aujourd'hui. Il était doté d'une « Assemblée législative » monocamérale investie des pouvoirs législatifs et distincte de l'exécutif, même si elle n'en était pas indépendante. Entre 1961 et 1972, la compétence matérielle de cette institution portait sur tous les domaines dévolus aux États fédérés par la Constitution fédérale, tandis que sa compétence territoriale s'étendait sur l'ensemble de l'État fédéré du Cameroun oriental. Elle était, en effet, l'équivalent des « *House of Assembly* » et « *House of Chiefs* » de l'Etat fédéré du Cameroun occidental prises ensemble. Donc, si nous acceptons que la création de la « *house of divisional representatives* » et de la « *house of chiefs* » dans les régions du Nord-Ouest et du Sud-Ouest par la loi du 24 décembre 2019 signifie que les anciennes House of Assembly et House of Chiefs sont « restituées », alors nous devons accepter aussi que l'introduction par la même loi du « *conseil régional* » monocaméral dans les huit régions francophones signifie la 'restitution' de l'ancienne *Assemblée législative* de l'ancien Etat fédéré du Cameroun oriental. Dès lors, la prétendue renaissance de ces institutions historiques n'est ni spécifique ni limitée aux régions du Nord-Ouest et du Sud-Ouest. En tout état de cause, même si elle était réelle, cette renaissance ne leur conférerait ni un « statut spécial » ni des « spécificités dans l'organisation et le fonctionnement ».

Quatre, la forme bicamérale de l'assemblée régionale des régions du Nord-Ouest et du Sud-Ouest est présentée comme un privilège et un avantage qu'elles tirent de leur supposé « statut spécial » et comme l'une des preuves qu'elles jouissent des « spécificités dans l'organisation et le fonctionnement ». En réalité, cette structure est plutôt un fardeau porté par ces régions. Son fonctionnement est alourdi par des complexités dont le conseil régional monocaméral des régions francophones est épargné.

Par exemple, le président du conseil régional d'une région francophone convoque cette instance qui se réunit et délibère *au sein d'une chambre unique* sur *toutes les questions inscrites à l'ordre du jour.* En revanche, son homologue, le président du conseil exécutif régional d'une région anglophone, est obligé de convoquer deux chambres au lieu d'une seule, à savoir, la « *house of divisional representatives* » et la « *house of* chiefs ». Elles se réunissent *séparément* mais *au même moment* pour délibérer sur les *mêmes questions inscrites* à *leur ordre du jour commun.*

L'assemblée régionale des régions anglophones et le conseil régional des régions francophones sont autorisés par la loi de se réunir en session ordinaire pendant huit jours au maximum. Dans les régions francophones, les 90 membres du conseil régional se retrouvent ensemble pendant tout ce temps. Au sein d'une même chambre, ils suivent les arguments des uns et des autres lors des délibérations sur une question donnée. Ils apprennent tous au même moment et au même endroit les conclusions issues du débat et les décisions prises en la matière. La délibération s'arrête là. Ce mode de fonctionnement leur permet d'utiliser au meilleur escient les huit jours au maximum dont ils disposent pour la session ordinaire en cours.

Par contre, dans les régions anglophones où la « *house of divisional representatives* » et la « *house of chiefs* » sont toutes deux habilitées à statuer « *sur toutes les matières relevant de la compétence de l'assemblée régionale* », les deux « *houses* » siègent *simultanément* mais *séparément* pendant les huit jours au maximum d'une session ordinaire. Pendant ce temps, elles délibèrent sur *les mêmes questions* inscrites à *l'ordre du jour commun*. Les membres d'une chambre n'ont pas la possibilité de suivre le déroulement du débat sur une question particulière devant l'autre chambre. Et pourtant, aux termes de l'article 345 de la loi du 24 décembre 2019, les délibérations régionales adoptées par la « *house of divisional representatives* » sont transmises dans les 24 heures à la « *house of chiefs* ». Celle-ci n'est pas sensée connaitre les arguments qui auraient mené la « *house of divisional representatives* » à adopter la délibération. Néanmoins, elle peut, comme prévu par la loi, y apporter des amendements motivés et la renvoyer « *en seconde lecture* » à la « *house of divisional representatives* ». Au cas où la « *house of divisional representatives* » rejette les amendements proposés par la « *house of chiefs* » et que le désaccord entre les deux chambres sur la délibération persiste, la « *house of divisional representatives* » l'emporte. Elle adopte la délibération une seconde fois à la majorité simple de ses membres, et la transmet au président du conseil exécutif régional (qui, soit dit en passant, est aussi le président de la *house of divisional representatives* qui a adopté la délibération en premier lieu) pour exécution.

Cette procédure, à la fois complexe et lourde, est bien différente de celle, très simple et très légère, qui se déroule au sein du conseil régional des régions francophones, comme il a été constaté ci-haut. Elle est imposée à l'assemblée régionale d'une région anglophone par la loi qui exige, en guise de privilège de prétendu «

statut spécial », que ses 90 membres siègent et délibèrent en deux chambres distinctes. Pour cette raison, l'assemblée régionale d'une région anglophone utiliserait les quelques jours dont elle dispose pour une session ordinaire beaucoup moins effectivement et efficacement que le conseil régional d'une région francophone.

Cinq, les sessions ordinaires du conseil régional à chambre unique des régions francophones sont présidées par son président, les « fonctions de secrétaires de séance » étant exercées par les secrétaires du bureau régional. Cet arrangement est bien simple. Par contre, dans les régions anglophones, la présidence des sessions ordinaires de l'assemblée régionale est compliquée par la structure bicamérale de cette instance qui l'oblige de fonctionner en trois formations au lieu d'une seule, toutes desservies par le même conseil exécutif régional de huit membres dont certains sont issus de la *house of divisional representatives* et d'autres de la *house of chiefs*.

Pour sa première formation, l'assemblée régionale fonctionne lorsque les membres siègent « en formation réunie » des deux chambres. Elle est alors présidée par le président du conseil exécutif régional. Pour ses seconde et troisième formations, elle fonctionne lorsque les membres se réunissent *simultanément* en deux chambres *distinctes*, respectivement la *house of divisional representatives* et la *house of chiefs*. Les assises de la *house of divisional representatives* sont présidées alors par le président du conseil exécutif régional, assisté de l'un des deux secrétaires du conseil, du secrétaire général de la région et de tous les autres membres du conseil exécutif régional n'appartenant pas à la *house of chiefs*. Au même moment, celles de la *house of chiefs* sont présidées par le vice-président du conseil exécutif régional, assisté de l'un des deux secrétaires du conseil.

Puisqu'il siège en chambre unique, le conseil régional des régions francophones n'a besoin que d'un seul règlement intérieur pour le guider dans ses travaux. Par contre, puisqu'elle se réunit en deux chambres distinctes lors d'une session ordinaire, l'assemblée régionale des régions anglophones doit adopter trois règlements intérieurs. Conformément à l'article 346 de la loi du 24 décembre 2019, elle adopte le règlement intérieur à suivre lorsque la *house of divisional representatives* et la *house of chiefs* siègent en formation réunie. En plus, chacune de ces deux chambres adopte son propre règlement intérieur.

Il ressort de la discussion qui précède que le mode d'organisation et de fonctionnement de l'organe délibératif d'une région anglophone est un labyrinthe complexe. C'est la conséquence directe de la forme bicamérale qui lui a été imposée par la loi du 24 décembre 2019 en raison du prétendu « statut spécial » de sa région. Cela accentue le risque de désaccord et de conflit d'autorité ou d'influence entre la *house of divisional representatives* et la *house of chiefs*, ou encore entre leurs présidents respectifs. Il y a eu deux matérialisations récentes de ce risque.

Le 26 mai 2021, le président de l'assemblée régionale de la région du Sud-Ouest (qui est également le président de la *house of divisional representatives* de cette région) a publié un communiqué de presse[xvi] dans lequel il a réprimandé publiquement, mais sans le nommer, le président de la *house of chiefs* de la même région qui, peu de temps auparavant, avait fait des déclarations publiques « non autorisées » dénonçant le mauvais fonctionnement de l'assemblée régionale. Le chef de l'exécutif régional fait valoir dans son communiqué de presse que : « *Le Président du conseil exécutif régional du Sud-Ouest informe l'opinion publique (en particulier les responsables des organes publics ou privés de la presse écrite et audiovisuelle) que seul le Président du conseil exécutif régional (ou son représentant dûment désigné) est autorisé à faire des déclarations publiques au nom de l'Assemblée régionale du Sud-Ouest* ».

Le 14 septembre 2021, les médias ont rapporté que les chefs des deux chambres de l'Assemblée régionale du Nord-Ouest étaient « *apparemment à couteaux tirés* », le président de la *house of chiefs* ayant été « *contraint d'annuler une tournée nationale de consultation sur la paix qui devait se dérouler dans cinq grandes villes du Cameroun* ». Le rapport observe que le « *plus prudent* » président de l'assemblée régionale et de la *house of divisional representatives* « *préférerait laisser les choses telles qu'elles sont plutôt que de prendre quel qu'initiative que ce soit sans l'approbation de Yaoundé, contrairement à son vice-président soucieux de suivre l'approche de bas-en-haut tant clamée pour donner l'espoir à la population qu'ils sont appelés à servir* »[xvii].

Le risque d'un tel désaccord et d'un tel conflit entre les représentants départementaux et les chefs traditionnels n'existe pas au sein du conseil régional monocaméral des régions francophones. À cela s'ajoute, pour les régions du Nord-Ouest et du Sud-Ouest, le coût du personnel, des équipements et des infrastructures supplémentaires (y compris des immeubles de bureau) nécessaires pour gérer et desservir deux chambres, au lieu d'une seule, de l'organe délibératif.

A la lumière de ce qui précède, nous pouvons conclure que la forme bicamérale de l'assemblée régionale des régions du Nord-Ouest et du Sud-Ouest est un mécanisme complexe, lourd, coûteux et inefficace qui n'apporte aucune valeur ajoutée à ces régions. Elle leur a été imposée par la loi du 24 décembre 2019 juste pour entretenir l'illusion que ces régions bénéficient d'un « *statut spécial* », et « *des spécificités dans l'organisation et le fonctionnement* », et que leurs institutions historiques, notamment la « House of Assembly » et la « House of Chiefs », ont été restituées. Loin d'être un privilège ou un avantage, cette forme représente un fardeau et un grand inconvénient pour les deux régions anglophones.

Six, aux termes de la loi, les 90 membres du *conseil régional* d'une région francophone sont repartis en quatre commissions ; dans les régions du Nord-Ouest et du Sud-Ouest, les 70 membres de la *house of divisional representatives* sont regroupés en cinq commissions, tandis que les 20 membres de la *house of chiefs* se regroupent en deux commissions. Chacun des trois organes traite du même éventail de sujets, l'une des cinq commissions de la *house of divisional representatives* prenant en charge « l'Education » uniquement. Dans le cadre de cet arrangement, l'article 282 al. 2 de la loi du 24 décembre 2019 autorise au conseil régional d'une région francophone de « *créer … toute autre commission par délibération* ». Donc, le conseil d'une telle région peut décider de porter à cinq ou plus le nombre de ses commissions, et de mettre l'une d'elles en charge de l'« Education » uniquement. Cela produirait pour cette région francophone une structuration de commissions semblable à celle des régions anglophones, et supprimerait ainsi toute distinction à cet égard entre les régions concernées. En attendant, la disparité actuelle dans le nombre de commissions de la *house of divisional representatives* par rapport au conseil régional (*cinq* contre *quatre*) est un détail insignifiant. Elle ne saurait justifier la prétention que les régions du Nord-Ouest et du Sud-Ouest jouissent « des spécificités dans l'organisation et le fonctionnement », en raison de leur prétendu « statut spécial ».

Sept, l'exécutif régional dans les régions du Nord-Ouest et du Sud-Ouest est un organe intégré de huit membres appelé « conseil exécutif régional » ; dans les huit régions francophones, c'est un seul individu portant le titre de « président du conseil régional ». Il est « assisté » par un « bureau régional » de six membres. Ainsi, l'on peut dire que l'exécutif régional est composé de huit membres dans les régions anglophones et de sept membres dans les régions francophones. Cette infime disparité numérique est insignifiante et ne saurait justifier l'affirmation que les régions du Nord-Ouest et du Sud-Ouest jouissent « des spécificités dans l'organisation et le fonctionnement ».

Huit, en tant que chefs de l'exécutif régional, le président du conseil exécutif régional des régions du Nord-Ouest et du Sud-Ouest et le président du conseil régional des régions francophones sont désignés de la même manière. Ils ont les mêmes attributions et responsabilités et remplissent les mêmes fonctions. Leur mandat est de même durée. Ils sont soumis au même degré de supervision et de contrôle par les responsables et agents du pouvoir central, notamment le gouverneur de région. C'est dans ce contexte que l'article 361 de la loi du 24 décembre 2019 stipule que les dispositions de cette loi régissant le président du conseil régional des régions francophones « *s'appliquent au président du Conseil exécutif régional* » des régions du Nord-Ouest et du Sud-Ouest. L'on observe donc que rien dans la structure, l'organisation et le fonctionnement des instances dirigeantes des dix conseils régionaux n'indique que ceux des régions du Nord-Ouest et du Sud-Ouest jouissent des « spécificités » dans leur organisation et leur fonctionnement par rapport à ceux des huit régions francophones.

Neuf, aux termes de la loi, le conseil exécutif régional des deux régions anglophones comprend trois « *commissaires* » en charge, chacun, de domaines bien déterminés - un commissaire au développement économique, un commissaire à la santé et au développement social et un commissaire à l'éducation, au sport et au développement culturel. En revanche, le poste de « commissaire » n'existe pas au sein de l'exécutif des régions francophones. Il a été prévu pour les régions du Nord-Ouest et du Sud-Ouest dans le souci de créer l'illusion que certaines fonctions étatiques qui existaient autrefois dans le Southern Cameroons / État fédéré du Cameroun occidental, à l'instar de celle de « ***Commissioner*** *of the Southern Cameroons* », sont aujourd'hui reconstituées dans ces régions en raison de leur « statut spécial ». Les attributions assignées aux trois commissaires au sein de l'exécutif des régions du Nord-Ouest et du Sud-Ouest par la loi du 24 décembre 2019 sont toutes dévolues, aux termes de la même loi, au président du conseil régional d'une région francophone. Toutefois, on peut raisonnablement s'attendre à ce que, dans l'intérêt de la gestion efficace des affaires de sa région, un consciencieux président de conseil d'une région francophone n'exerce pas personnellement toutes les responsabilités dans tous les domaines. Il est fort probable qu'il charge individuellement les membres du bureau régional qui l'assiste des domaines particuliers, ce qui ferait d'eux des « *commissaires* » de fait. En claire, l'existence de ce poste au sein du conseil exécutif régional des régions du Nord-Ouest et du Sud-Ouest est une trivialité qui ne prouve aucunement que ces régions jouissent « des spécificités dans l'organisation et le fonctionnement ».

Dix, l'administration régionale est réglementée de la même manière pour l'ensemble des dix régions par les articles 323 et 324 de la loi du 24 décembre 2019. Plus particulièrement, pour toutes les régions, le secrétaire général est présenté aux termes de cette loi comme « *un cadre supérieur ayant une riche expérience dans la gestion du développement local* », un acteur clé de l'administration régionale, et « *le principal collaborateur* » du chef de l'exécutif régional. Dans les dix régions, son rôle est d'animer les services de l'administration régionale, d'assurer l'instruction des affaires régionales et d'exécuter les décisions prises par le chef de l'exécutif régional. Il a le droit d'assister aux réunions de l'assemblée régionale et du conseil exécutif régional des régions du Nord-Ouest et du Sud-Ouest, ou à celles du conseil et du bureau régionaux des régions francophones.

Dans les dix régions, le secrétaire général est nommé, et peut être démis de ses fonctions, par le président de la République, sur recommandation du ministre en charge des collectivités territoriales décentralisées. Il est désigné parmi les fonctionnaires de l'administration centrale. Contrairement au chef de l'exécutif de la région, il n'est pas tenu d'être natif de la région où il est appelé à servir. Par conséquent, dans les régions du Nord-Ouest et du Sud-Ouest tout comme dans les huit régions francophones, le secrétaire général est susceptible de s'en remettre au gouverneur de région, au ministre en charge des collectivités territoriales décentralisées et à d'autres responsables ou fonctionnaires de l'administration centrale avec lesquels il a des affinités corporatistes, plutôt qu'au président du conseil régional ou du conseil exécutif régional qui sont ses chefs hiérarchiques directs.

Quoi qu'il en soit, en ce qui concerne l'administration régionale, il ne semble pas y avoir de différence significative entre les huit régions francophones et les régions du Nord-Ouest et du Sud-Ouest qui puisse justifier l'affirmation que les régions anglophones bénéficient « *des spécificités dans l'organisation et le fonctionnement*

». Entre juin et septembre 2021, les chefs des exécutifs régionaux ont été convoqués à Yaoundé, la capitale nationale, à deux reprises. À la mi-juin, ils ont été invités à Yaoundé par la direction du Fonds spécial d'équipement et d'intervention intercommunale (FEICOM), un organisme du pouvoir central, pour discuter et adopter la maquette des futurs hôtels de régions devant abriter le siège de chaque conseil régional[xviii]. Le 10 septembre 2021, le ministre en charge des collectivités territoriales décentralisées a organisé une cérémonie officielle à Yaoundé pour remettre au chef de l'exécutif de chaque région les clés de sa voiture officielle qui avait été commandée et achetée pour lui au niveau national par le ministère[xix]. Dans ces manifestations du penchant caractérisé du gouvernement vers l'hypercentralisation et l'harmonisation, même à l'ère de la décentralisation et du « statut spécial », les régions du Nord-Ouest et du Sud-Ouest n'ont pas été traitées différemment de leurs huit homologues francophones.

Cet examen des éléments clés du mode d'organisation et de fonctionnement des conseils régionaux ne prétend pas être exhaustif. Néanmoins, il révèle essentiellement le même schéma dans les dix régions. Les points de divergence observés sont peu nombreux, triviaux et insignifiants. Par conséquent, l'affirmation par la loi du 24 décembre 2019 que les régions du Nord-Ouest et du Sud-Ouest bénéficient « *des spécificités dans l'organisation et le fonctionnement basées sur leurs valeurs historiques, sociales et culturelles* » est fausse.

c) *Compétence des assemblées régionales des régions du Nord-Ouest et du Sud-Ouest à mettre en œuvre la procédure de l'« impeachment »*

L'article 342 de la loi du 24 décembre 2019 reconnait à l'assemblée régionale des régions du Nord-Ouest et du Sud-Ouest la compétence pour la mise « *en œuvre de l'impeachment* ». Les conseils régionaux des huit régions francophones ne jouissent pas de cette compétence. En conséquence, elle est présentée comme un autre élément distinctif du supposé « statut spécial » des régions anglophones.

La loi ne définit pas la notion d'« *impeachment* ». Elle ne précise ni qui peut en faire l'objet et pour quel motif, ni la procédure à suivre, ni ce qui pourrait être son aboutissement. Elle laisse au règlement intérieur des assemblées régionales le soin de fixer « *la procédure et le champ d'application de l'impeachment* ». Cela signifie que les assemblées régionales du Nord-Ouest et du Sud-Ouest pourront réglementer différemment la procédure et le champ d'application de *l'« impeachment »*, dans la mesure où elles ne sont pas tenues par la loi d'adopter un règlement intérieur identique.

Le traitement superficiel du sujet d'« *impeachment* » par la loi du 24 décembre 2019 soulève des questions quant à ce qui aurait motivé son inscription dans cette loi. La fausse idée que cette procédure est spécifique et exclusive aux deux régions anglophones est nourrie au point de la désigner exclusivement en anglais, *même dans la version française de la loi* ! Pourtant, l'on ne peut prétendre que l'« *impeachment* » ait été introduit dans cette loi parce qu'il ferait partie de « *l'héritage historique* » ou des « *valeurs historiques, sociales et culturelles* » des régions du Nord-Ouest et du Sud-Ouest, puisqu'il n'est ni spécifique ni indigène à ces deux régions. Si, malgré le fait qu'elle ne soit pas définie et règlementée par la loi, la mise en œuvre de *l'impeachment* sert à quelque chose, les huit régions francophones devraient aussi en bénéficier. Elles ne doivent pas en être privées juste pour alimenter l'idée trompeuse que seules les régions du Nord-Ouest et du Sud-Ouest en bénéficient comme un privilège de leur supposé « statut spécial ».

Quoi qu'il en soit, la loi du 24 décembre 2019 reconnait au représentant de l'État, au ministre chargé des collectivités territoriales décentralisées et au président de la République le pouvoir de suspendre, révoquer ou dissoudre les organes des régions, leurs membres ou leurs fonctionnaires, selon le cas. Cela rend superflue la procédure de *l'impeachment*. En cas de forfaiture constatée dans les régions du Nord-Ouest et du Sud-Ouest, les compétences clairement définies de ces responsables du pouvoir central et des tribunaux administratifs ne sont-elles pas susceptibles d'être rapidement invoquées plutôt que la compétence aux contours flous des assemblées régionales à mettre en marche la procédure de l'« *impeachment* » ? Cette « compétence » qui est dénuée de sens apparait donc comme une tromperie de plus destinée à conforter l'illusion que les deux régions anglophones jouissent d'un « statut spécial » depuis l'entrée en vigueur de la loi du 24 décembre 2019.

d) *Création du poste de public independent conciliator pour les régions du Nord-Ouest et du Sud-Ouest*

Le poste de « *public independent conciliator* », qui est présenté comme un autre aspect clé du supposé statut spécial, a été institué par la loi du 24 décembre 2019, mais uniquement pour les régions du Nord-Ouest et du Sud-Ouest. Afin de créer l'impression que ce poste est spécifique et exclusif aux deux régions anglophones, il est désigné uniquement en anglais, *même dans la version française de la loi et du décret d'application du 24 décembre 2020* ! Et pourtant, une telle fonction n'a jamais fait partie de l'expérience, de l'histoire, de l'héritage ou des valeurs des régions du Nord-Ouest et du Sud-Ouest. Au Southern Cameroons/État fédéré du Cameroun occidental, les citoyens dont les droits étaient violés par des agents publics au niveau national ou local demandaient réparation devant les tribunaux coutumiers ou de droit commun. Par conséquent, la création du poste de *public independent conciliator* pour les régions du Nord-Ouest et du Sud-Ouest apparait comme une autre tentative désespérée de trouver des choses sur lesquelles accrocher leur supposé « statut spécial ».

La loi du 24 décembre 2019 a confié sept tâches au *public independent conciliator*. Trois seulement peuvent apporter une quelconque protection aux droits des populations des régions du Nord-Ouest et du Sud-Ouest. Sur les trois, deux reviennent, en effet, à une seule, puisque celle d' « *examiner et régler à l'amiable les litiges opposant les usagers à l'administration régionale et communale* » n'est pas si différente de celle de « *défendre et protéger les droits et libertés dans le cadre des relations entre les citoyens et la région ou les communes de la région* ». Les quatre autres tâches, telles que celles de « *proposer au Président de la République des modifications législatives et réglementaires* » ou encore de « *dresser un rapport sur le fonctionnement des services régionaux et communaux* », sont plutôt des actes bureaucratiques dont l'impact réel sur la vie et les libertés des populations des régions du Nord-Ouest et du Sud-Ouest sera minime.

Au regard de la culture de gouvernance qui règne actuellement au Cameroun, le *public independent conciliator* aura de la peine à exercer ses fonctions librement. Les actions et mesures attendues de lui sont rarement engagées lorsque les services locaux, les fonctionnaires ou les agents de l'administration centrale tels que les gouverneurs de région, les préfets, les sous-préfets et les fonctionnaires de la police ou de la gendarmerie, abusent et violent les droits des citoyens. Elles seront tout aussi rarement engagées lorsque les services, fonctionnaires ou agents des conseils régionaux et municipaux violent ou abusent les droits des mêmes citoyens sur le même territoire.

La loi du 24 décembre 2019 présente le *public independent conciliator* comme étant « une autorité régionale *indépendante* ». Elle le classe sur le plan protocolaire au même rang que le président du conseil exécutif régional.

Toutefois, il lui sera difficile d'asseoir son indépendance face au gouverneur de région et au président du conseil exécutif régional. La loi donne à ces deux fonctionnaires le pouvoir de proposer conjointement sa nomination au Président de la République. Le *public independent conciliator* est nommé pour un mandat non renouvelable de six ans. Cela a pour effet de le protéger contre les vulnérabilités d'un nouveau mandat. Cependant, aux termes de la même loi, il est susceptible d'être démis de ses fonctions en cas de handicap physique ou mental constaté conjointement par le gouverneur de région et le président du conseil exécutif régional qui avaient proposé sa nomination. Le fait que sa nomination et sa révocation éventuelle se fassent toutes deux sur proposition de ces deux fonctionnaires susceptibles d'être parmi les personnes visées par les actes qu'il pose dans l'exercice de ses fonctions l'expose à d'éventuels actes de chantage, d'intimidation ou de manipulation de leur part, et pourrait compromettre son indépendance.

Lorsqu'il examine un litige qui lui est soumis, le *public independent conciliator* peut formuler des recommandations en vue de garantir le respect des droits et libertés de la personne lésée, de régler le litige ou d'en prévenir le renouvellement. Si ses recommandations ne sont pas suivies d'effet, il peut enjoindre à l'administration ou au fonctionnaire concernés de prendre les mesures nécessaires, et en fixer le délai. Toutefois, si son injonction reste également sans suite, tout ce que la loi lui autorise de faire c'est de dresser un « rapport spécial » sur le litige et de le communiquer au mis en cause et au gouverneur de région en sa qualité de « représentant de l'État ». Le mis en cause est libre de réagir ou pas au contenu du rapport spécial. Pour sa part, le *public independent conciliator* peut décider de rendre public ce rapport spécial et, le cas échéant, la réponse du mis en cause, mais il ne peut contraindre personne à se conformer à ses recommandations ou à ses injonctions. Cela diminue considérablement son effectivité et son utilité, et met à nu l'affirmation selon laquelle l'existence de ce poste prouve que les régions du Nord-Ouest et du Sud-Ouest bénéficient d'un « statut spécial ».

Pas moins que leurs compatriotes des régions du Nord-Ouest et du Sud-Ouest, les populations des huit régions francophones ont droit à la protection et à la défense de leurs droits contre toute atteinte par les collectivités territoriales décentralisées et leurs employés. Si le rôle du *public independent conciliator* est véritablement de garantir les droits des usagers, il devrait être au service de ceux des régions francophones également. Priver ces usagers des services de ce fonctionnaire juste pour entretenir la façade qu'ils sont réservés aux régions du Nord-Ouest et du Sud-Ouest exclusivement comme d'un privilège de « statut spécial » est une absurdité.

e) *« Harmonisation » potentielle des éléments du supposé statut spécial*

La présente réflexion a permis d'identifier quelques

aspects négligeables sur lesquels des divergences semblent exister entre les régions du Nord-Ouest et du Sud-Ouest, d'une part, et les huit régions francophones, d'autre part, au regard des dispositions de la loi du 24 décembre 2019. Ces divergences sont piètres et insignifiantes, et pourraient facilement être effacées à l'avenir par un gouvernement centralisateur enclin à « harmoniser » la gouvernance locale dans les dix régions. Dans les mois et années à venir, le gouvernement s'efforcera d'entretenir la fausse idée d'un « statut spécial » pour les régions du Nord-Ouest et du Sud-Ouest tout en se servant de ces deux régions anglophones pour expérimenter certains éléments du nouveau régime de décentralisation institué en 2019. Ensuite, il pourra procéder à la modification de la loi du 24 décembre 2019 et du décret d'application du 24 décembre 2020 afin d'éliminer les minces différences qui semblent exister actuellement entre les deux régions anglophones et les huit régions francophones. Les amendements éventuels sont susceptibles d'étendre formellement à ces dernières les compétences, institutions et procédures insignifiantes qui sont présentées aujourd'hui comme étant les éléments de base du prétendu « statut spécial » des régions du Nord-Ouest et du Sud-Ouest, dont certaines bénéficient d'ores et déjà aux régions francophones.

Dès lors, il ne serait pas surprenant si, au regard des sujets évoqués ci-haut, la loi du 24 décembre 2019 venait à être modifiée en temps opportun afin de : i) permettre explicitement aux régions francophones de « participer » à l'élaboration par le gouvernement des politiques nationales relatives au sous-système éducatif francophone et au statut de la chefferie traditionnelle dans leurs zones respectives; **ii**) reconnaitre expressément aux huit régions francophones la compétence de créer et de gérer les missions régionales de développement; **iii**) prévoir expressément que les régions francophones soient « consultées » lorsque le gouvernement élabore des politiques publiques nationales relatives au sous-système de justice fondé sur le Droit civil; **iv**) exiger expressément que les régions francophones soient « associées » à la création et à la gestion des services publics implantés par le pouvoir central dans leurs territoires respectifs; **v**) rebaptiser l'organe délibératif des régions francophones « assemblée régionale » et en faire un organe bicaméral composé d'une « *chambre des représentants départementaux* » et d'une « *chambre des chefs traditionnels* »; **vi**) instituer en tant qu'organe exécutif d'une région francophone, un « conseil exécutif régional » collégial dirigé par un président et comprenant des « commissaires »; **vii**) reconnaitre à l'assemblée régionale des régions francophones la compétence pour la mise en œuvre de la procédure de l'*impeachment*; et **viii**) créer le poste de *public independent conciliator* pour les régions francophones. En ce qui concerne les points i) à iv), les changements pourront intervenir par voie réglementaire sur l'initiative de certains responsables du pouvoir central, notamment le président de la République, sans attendre que la loi soit amendée par le parlement.

La facilité avec laquelle cela pourrait se réaliser s'illustre à travers le décret n° 2020/526 pris par le président Paul Biya le 2 septembre 2020. La loi du 24 décembre 2019 avait fixé à 20 le nombre de chefs traditionnels siégeant à l'assemblée régionale des régions du Nord-Ouest et du Sud-Ouest. Implicitement, elle avait laissé que le nombre de chefs traditionnels siégeant au conseil régional des huit régions francophones soit déterminé par la dynamique sociopolitique interne de chaque région, sous réserve uniquement de l'obligation imposée par la loi à chaque conseil régional de « *refléter les différentes composantes sociologiques de la Région* » et, en particulier, d'« *assurer la représentation de la population autochtone de la Région, des minorités et du genre* ». Donc, pour une région francophone donnée, les 90 membres du conseil régional pouvaient comprendre 20 chefs traditionnels, ou plus, ou moins, selon la vision qu'elle pouvait avoir de sa « composition sociologique » et du poids à accorder à chaque « composante sociologique », dont les chefs traditionnels, dans la composition de son conseil régional.

Les premières élections des conseillers régionaux du nouveau régime de la décentralisation ont eu lieu le 6 décembre 2020. Quelques mois auparavant, le 2 septembre, le président de la République avait pris le décret susmentionné dans lequel il fixa obligatoirement à 20 le nombre de chefs traditionnels au sein de chaque conseil régional des huit régions francophones. A travers cet acte réglementaire, le président de la République a implicitement amendé la loi du 24 décembre 2019, **imposé** 20 chefs traditionnels aux conseils régionaux des régions francophones et étendu ainsi à ces régions ce que la loi n'avait prescrit que pour les deux régions anglophones. Dans les mois et années à venir, il pourrait tout aussi facilement amender implicitement ou explicitement d'autres dispositions de la loi du 24 décembre 2019 par décret, et étendre les éléments du prétendu « statut spécial » des régions du Nord-Ouest et du Sud-Ouest aux huit régions francophones, sous prétexte d'« harmoniser » la gouvernance locale à travers les dix régions du pays.

Bien que cela puisse apparaitre spéculatif, cette perspective semble être également celle de certains fonctionnaires de l'État étroitement associés à la conception et à la mise en œuvre du système de décentralisation introduit par la loi du 24 décembre 2019. Dans son exposé susmentionné du 22 septembre 2021, le Directeur général de la « *National School of Local Administration* » a déclaré que le statut spécial est « *un grand privilège accordé par l'Etat uniquement aux régions du Nord-Ouest et du Sud-Ouest* **pour l'instant** ». De manière significative, il a ajouté : « *Rien n'empêche aux huit autres régions de bénéficier également du statut spécial. Mais* **pour l'instant**, *l'État ne l'a octroyé qu'aux régions du Nord-Ouest et du Sud-Ouest.* **Cette situation rend à juste titre les huit autres régions envieuses.** ... *Il est très important pour ces deux Régions de profiter du fait qu'elles sont les deux seules Régions à Statut Spécial* **pour l'instant**, *pour l'exploiter pleinement... Elles pourraient perdre les avantages qu'elles tirent du fait d'être les deux seules régions à statut spécial* **à ce jour** *si elles devaient un jour* **être en concurrence avec d'autres régions de statut similaire** »[xx]. Cela démontre clairement que, dans l'esprit de certains hauts fonctionnaires, le prétendu « statut spécial » des régions anglophones est de nature provisoire et expérimentale.

5. Conclusions et recommandations

Cette réflexion a visé la portée du « statut spécial » prétendument reconnu aux régions du Nord-Ouest et du Sud-Ouest du Cameroun. Elle s'est portée également sur l'octroi des prétendues compétences supplémentaires à ces régions, sur le mode d'organisation et de fonctionnement des collectivités territoriales décentralisées (y compris la fonction de secrétaire général et le rôle de l'administration régionale), sur la compétence des régions de mettre en œuvre la procédure de l' « *impeachment* » et sur la création du poste de « *public independent conciliator* ». Ces aspects du nouveau régime de la gouvernance décentralisée au Cameroun sont présentés par le gouvernement comme constituant les éléments clés du « statut spécial » prétendument reconnu aux deux régions anglophones par la loi du 24 décembre 2019. La présente étude montre bien que, contrairement à ce que prétend le gouvernement, les régions du Nord-Ouest et du Sud-Ouest ne bénéficient pas véritablement d'un « statut spécial ». Les 69 collectivités territoriales de base de ces régions sont totalement exclues d'un quelconque « statut spécial » qui leur aurait été accordé. Même au niveau des conseils régionaux, les deux des régions anglophones ne sont pas différents des huit des régions francophones. Ils ont tous les mêmes compétences et responsabilités. Ils sont organisés et fonctionnent essentiellement de la même manière. Ils ont les mêmes sources de revenus. Leur administration obéit aux mêmes lois, règles et règlements. Et ils sont strictement supervisés et contrôlés par les mêmes fonctionnaires et agents du pouvoir central, notamment le gouverneur de région en sa qualité de « représentant de l'État ».

La loi du 24 décembre 2019 a reconnu que les régions du Nord-Ouest et du Sud-Ouest ont leurs propres spécificités, histoire, héritage et valeurs sur lesquels elle a fait semblant de baser le supposé « statut spécial » qu'elle prétend leur octroyer. La capacité de ces régions à sauvegarder ces traits est menacée par le pouvoir reconnu au président de la République par l'article 61 al. 2 de la Constitution et l'article 260 de la loi du 24 décembre 2019 de modifier les dénominations et les délimitations géographiques des régions existantes, et de créer d'autres régions en leur attribuant une dénomination et en fixant leur délimitation géographique. Le président de la République pourrait être tenté d'utiliser et d'abuser de ce pouvoir pour diviser et affaiblir les régions du Nord-Ouest et du Sud-Ouest, en créant de nouvelles régions à l'intérieur de leurs frontières actuelles. Dans le pire des cas, il pourrait créer de nouvelles régions où des parts du Cameroun anglophone sont enfermés avec des parts du Cameroun francophone dans une même région. Tout en étant conforme à la Constitution et aux lois en vigueur, un tel acte aurait pour effet de renforcer l'assimilation et l'assujettissement des régions du Nord-Ouest et du Sud-Ouest et leurs populations, de pérenniser le « problème anglophone » et d'exacerber la « crise anglophone ». Il faudrait donc l'éviter.

A travers le pays et au sein de la communauté internationale, la recommandation des participants au Grand Dialogue National en octobre 2019 d'octroyer un « statut spécial » aux régions du Nord-Ouest et du Sud-Ouest avait été accueillie avec soulagement et optimisme. Elle avait fait naître l'espoir de trouver une solution juste et durable au « problème anglophone » et à la « crise anglophone », qui admet et valorise pleinement la spécificité linguistique, l'héritage historique, les valeurs civiques, historiques, sociales et culturelles de ces régions et les aspirations de leurs populations.

A la grande déception de nombreux parties prenantes et observateurs, le système de gouvernance décentralisée mis en place par la loi du 24 décembre 2019 et par le décret d'application pris par le président Paul Biya le 24 décembre 2020 n'a pas offert le cadre approprié pour atteindre cet objectif primordial. Même avec ses éléments du supposé « statut spécial », ce système n'aborde pas les griefs fondamentaux relatifs à la marginalisation, à la domination, à l'assimilation, à l'assujettissement et à la prise de contrôle du territoire et des populations du Southern Cameroons (aujourd'hui les régions du Nord-Ouest et du Sud-Ouest du Cameroun) qui sont au cœur du « problème anglophone » vieux de 60 ans, et de la « crise anglophone » qu'il a engendrée et qui en est maintenant à sa cinquième année. Ce système est loin de protéger les régions du Nord-Ouest et du Sud-Ouest et leurs populations de l'effacement programmé de leur « héritage historique », de leur « spécificité linguistique » et de leurs « valeurs historiques, sociales et culturelles ». Il n'a introduit aucune réforme visant la gouvernance des régions du Nord-Ouest et du Sud-Ouest qui puisse constituer le fondement d'une solution au problème anglophone et permettre de mettre fin à la crise anglophone.

Tout au long de cette réflexion, il a été démontré que le fameux « statut spécial » prétendument accordé aux régions du Nord-Ouest et du Sud-Ouest par la loi du 24 décembre 2019 et le décret présidentiel du 24 décembre 2020 est une coquille vide. Ces deux instruments juridiques proposent une liste impressionnante des domaines dans lesquels les collectivités territoriales décentralisées sont appelées à exercer des « *compétences transférées* ». Mais, ils ne fixent ni un calendrier précis ni une procédure claire à suivre pour le transfert effectif de ces compétences et des ressources connexes par le gouvernement aux collectivités territoriales décentralisées. Les deux textes énoncent également une liste tout aussi impressionnante d'éventuelles sources de revenus ouvertes aux conseils régionaux et municipaux. Mais, ils omettent de préciser comment ces recettes peuvent être perçues et de démontrer que les montants perçus en temps voulu seraient suffisants pour répondre aux besoins en financement de ces conseils.

Lorsque les représentants de l'État ont dû tâtonner à la recherche de quelque chose de positif à dire sur le prétendu « statut spécial » des régions du Nord-Ouest et du Sud-Ouest, ils ont été poussés par son vide inhérent à lui attribuer des vertus qu'il ne possède manifestement pas. C'est ainsi que, par exemple, dans le même exposé du 22 septembre 2021 mentionné ci-haut, le Directeur général de la NASLA affirme que le « statut spécial » est « *un facteur unificateur, pas un facteur de division* »[xxi]. On pourrait se demander en quoi un « statut spécial » fictif est un facteur unificateur. Qui unifie-t-il ? Dans une autre affirmation tout aussi vide de sens, le même Directeur général a déclaré à la même occasion que le « statut spécial » était « *une concession majeure faite par l'État aux anglophones parce qu'il signifie un changement radical de posture. Du déni de l'existence (des griefs anglophones), le gouvernement les a embrassés courageusement et a essayé d'y apporter des réponses concrètes. Ce changement d'attitude de la part de l'État du Cameroun devrait être plus vigoureusement apprécié et mis en avant* »[xxii]. Le supposé « statut spécial » des régions du Nord-Ouest et du Sud-Ouest serait-il donc conçu pour corriger « la posture » et « l'attitude » initiales du gouvernement par rapport aux doléances des populations de ces régions ?

Au bout du compte, le « statut spécial » devient la poubelle dans laquelle tout est jeté, même par les médias. Sous le titre « *Statut spécial : la région du Nord-Ouest recevra une usine à gaz* », il a récemment été rapporté que « *le président de l'Assemblée régionale du Nord-Ouest a annoncé la construction d'une usine à gaz à Bamenda pour résoudre le coût élevé de l'achat de gaz domestique* »[xxiii]. C'est comme si tout ce qui concerne les assemblées régionales et les exécutifs des deux régions anglophones relevait inlassablement du « statut spécial ». Serait-ce un trait de « statut spécial » si le président du conseil régional d'une région francophone annonçait la construction d'une usine à gaz dans sa capitale régionale destinée à réduire le coût pour le consommateur de gaz domestique dans cette région ?

Le « problème » et la « crise » anglophones ne peuvent être résolus par des moyens militaires. Leur résolution nécessite des réformes significatives du système de gouvernance du pays. Dans ce contexte, les régimes qui se succèdent à Yaoundé, qu'ils soient dirigés par des élites anglophones ou francophones, doivent comprendre qu'aucune génération de « Southern Cameroonians » n'acceptera jamais la marginalisation, la domination, l'assimilation, l'assujettissement et la prise de contrôle d'eux-mêmes ou de leur territoire. Ils n'accepteront pas non plus l'effacement de leur spécificité linguistique, leur héritage historique ou leurs valeurs historiques, sociales et culturelles.

Un système de gouvernance nationale et locale qui ne s'attaque pas aux causes profondes du « problème anglophone » risque de conduire, de génération en génération, à une spirale récurrente de la « crise anglophone ». La loi du 24 décembre 2019 a fait semblant de baser le « statut spécial » fictif qu'elle prétend octroyer aux régions du Nord-Ouest et du Sud-Ouest sur les traits distinctifs de ces régions. En réalité, après les avoir évoqués de manière superficielle, elle les a vite écartés, en stipulant que leur **contenu** sera précisé ultérieurement par des « textes particuliers » dont l'adoption n'est pas certaine.

L'autonomie totale des régions du Nord-Ouest et du

Sud-Ouest au sein du Cameroun, garantie par la Constitution, est essentielle. Elle constitue la voie la plus prometteuse pour résoudre le « problème anglophone » et mettre fin à la « crise anglophone », tout en conservant l'intégrité territoriale du pays. Sa réalisation devrait être au centre de toutes les initiatives prises à l'intérieur comme à l'extérieur du Cameroun qui visent cet objectif. Elle devrait refléter véritablement les aspirations des populations de ces deux régions ainsi que leur « spécificité linguistique », leur « héritage historique » et leurs « valeurs historiques, sociales et culturelles ».

L'autonomie totale des régions du Nord-Ouest et du Sud-Ouest garantie par la Constitution offre un potentiel point de convergence pour les séparatistes qui prônent l'éclatement du Cameroun et la « restauration de l'indépendance du Southern Cameroons », et les assimilationnistes au sein de l'élite dirigeante, partisans de la poursuite de l'œuvre de marginalisation, de domination, d'assimilation, d'assujettissement et de prise de contrôle du Southern Cameroons (les actuelles régions du Nord-Ouest et du Sud-Ouest du Cameroun) et de ses populations. Les autonomistes désireux de voir les régions anglophones gérer leurs propres affaires dans le cadre d'un État fédéral s'accommoderaient d'un système où les régions du Nord-Ouest et du Sud-Ouest jouissent d'une autonomie totale garantie par la Constitution et qui conduit au relâchement de la mainmise que l'administration centrale exerce aux niveaux national, régional et local à travers ses fonctionnaires et agents, notamment les ministres, les gouverneurs de région, les préfets et les sous-préfets, sur les instances régionales, les villes, les arrondissements et les municipalités des régions du Nord-Ouest et du Sud-Ouest.

L'autonomie totale des régions du Nord-Ouest et du Sud-Ouest garantie par la Constitution devrait s'étendre sur plusieurs domaines de gouvernance en dehors des quelques-uns évoqués par les dispositions de la loi du 24 décembre 2019 en relation avec le supposé « statut spécial », notamment les soi-disant « compétences supplémentaires » prétendument reconnues aux deux régions anglophones. Elle devrait englober un grand nombre de sujets dans un large éventail de domaines publics qui sont particuliers aux régions du Nord-Ouest et du Sud-Ouest et leurs populations, qui les caractérisent, qui sont en phase avec leur conception de l'exercice du pouvoir politique dans une démocratie respectueuse de l'État de droit, et qui reflètent leurs spécificités, leur héritage, leur culture, leurs valeurs et leurs aspirations en relation avec la gouvernance démocratique.

Dans le cadre d'un nouvel ordre constitutionnel, les régions du Nord-Ouest et du Sud-Ouest pourraient bénéficier de la pleine autonomie ensemble ou séparément. Ce sujet sur lequel les avis semblent partagés au sein de la population camerounaise en général, et anglophone en particulier, mérite d'être débattu et réglé de manière consensuelle au plan national. Si elles accèdent à l'autonomie séparément, ces deux régions devraient avoir l'option, inscrite dans la Constitution, de l'exercer conjointement pour certains sujets, au regard de la spécificité linguistique, de l'histoire, de l'héritage, des valeurs et des aspirations qu'elles partagent. La loi du 24 décembre 2019 ouvre la voie à une telle possibilité. Elle stipule que les collectivités territoriales décentralisées peuvent « *librement entretenir entre elles des relations fonctionnelles et de coopération* » et, à ce titre, « *se regrouper pour l'exercice des compétences d'intérêt commun, en créant des organismes publics de coopération par voie conventionnelle* » ; et que « *deux ou plusieurs régions peuvent créer entre elles, à l'initiative de leurs présidents respectifs, des ententes sur des objets d'intérêt régional commun* ».

Par conséquent, si elles sont administrées de façon autonome mais séparément, les régions du Nord-Ouest et du Sud-Ouest devraient être libres de coordonner et d'harmoniser leurs politiques, et d'adopter et mettre en œuvre des stratégies et des plans d'action conjoints, dans des domaines d'intérêt commun, notamment: l'exercice de l'autorité de l'État dans les régions ; la gestion à tous les niveaux – maternel, primaire, secondaire et tertiaire - du sous-système éducatif anglophone; l'administration de la justice fondée sur la Common Law issue de la colonisation anglaise; la promotion et la valorisation de l'anglais comme l'une des deux langues officielles de statut égal; la création et la gestion des services de police régionaux et municipaux; la réglementation et la surveillance des médias, de la profession de journaliste et de l'accès des citoyens à l'information publique; la promotion et la protection des droits humains des citoyens; la promotion du développement économique, social et culturel aux niveaux régional et municipal, y compris la réglementation, la gestion, l'exploitation, la transformation, le stockage et la commercialisation des ressources naturelles; la génération de revenus pour les conseils régionaux et municipaux; et la libre gestion des conseils régionaux, communautaires, d'arrondissement et municipaux dans chaque région.

Vu leur nature, leur importance et leur portée, ces domaines d'intervention et plusieurs d'autres de même envergure dépassent le cadre local et ne devraient donc pas être laissés entre les mains des collectivités territoriales décentralisées. Les régions du Nord-Ouest et du Sud-Ouest pourront conjointement créer des autorités ou des organismes publics ayant pour mission de réglementer et de gérer ces domaines, à l'instar du *General Certificate of Education (GCE) Board* qui réglemente et gère actuellement le système d'examens de l'enseignement secondaire dans les régions où prévaut le sous-système éducatif anglophone.

Le besoin d'identifier tous les sujets et domaines sur lesquels les régions du Nord-Ouest et du Sud-Ouest devraient disposer d'une autonomie totale renforce la nécessité pour le gouvernement de promulguer, sans plus tarder, les « textes particuliers » tant attendus tel que promis par l'article 3 al. 4 de la loi du 24 décembre 2019. Ces textes sont nécessaires pour donner contenu, sens et effet aux « *spécificités et particularités* » des régions du Nord-Ouest et du Sud-Ouest qui ont été formellement reconnues par cette loi et sur lesquelles elle fait semblant de baser leur prétendu « statut spécial ».

Une nouvelle entité a vu le jour le 1er octobre 1961, lorsqu'un processus de décolonisation conçu et mis en œuvre par la communauté internationale sous l'égide des Nations unies a produit l'union entre le Southern Cameroons anglophone et la République du Cameroun francophone. La République fédérale du Cameroun née de cette union a reçu un double héritage (anglo-français) non seulement en ce qui concerne ses deux langues officielles (l'anglais et le français), mais aussi sur toutes les questions relatives à la gouvernance publique. Aujourd'hui, l'avenir de cette entité chancèle précairement. Il est du devoir collectif de tous les camerounais de la préserver, avec les encouragements, l'appui et la facilitation des individus, des institutions, des organisations et des nations de bonne volonté au sein de la communauté internationale.

À cette fin, il est impératif d'avoir un véritable dialogue national franc, global et inclusif, sur le « problème anglophone » et la « crise anglophone », précédé d'une rencontre préparatoire des anglophones entre eux. La convocation, l'organisation, les délibérations et l'aboutissement de ce dialogue national devraient connaitre des avancées significatives par rapport au soi-disant « Grand dialogue national » que le gouvernement a organisé à Yaoundé du 30 septembre au 4 octobre 2019. Il s'est avéré, en fait, être plus une consultation qu'un dialogue.

[i] This territory was renamed the 'Federated State of West Cameroon' in 1961 and the 'North-West and South-West provinces (now regions)' in 1972. In this study, the three appellations are used interchangeably.

[ii] It is hereafter referred to as "*the law of 24th December 2019*". To render this reflection less technical and accessible to the general reader, sections and subsections of this law and of the implementation decree of 24th December 2020 whose stipulations are discussed here are not specifically mentioned, with a few exceptions. However, we hereby certify that all references and quotations attributed to the law and the decree reflect their actual content, as can be verified by any diligent reader.

[iii] See 'Special Status in Simple Terms – a presentation by the Director General of NASLA to the 2nd Ordinary Session of the Committee on the Follow-up of the Implementation of the Recommendations of the Major National Dialogue, NASLA – Buea 22 September 2021', page 5.

[iv] See 'RADIO-PRESS COMMUNIQUE' No. 043 SWRA/SWEC/P/CAB dated 26th May 2021.

[v] See 'NW Regional Assembly on fire: House of Chiefs president bullied to submission, cancels announced nationwide peace tour less than 24 hours after unveiling programme', by Doh Bertrand Nua, *The Guardian Post Daily*, Friday 10 September, 2021, at pages 1 and 3; 'NW Regional Assembly Smeared In A Dog Fight', by Nji Ignatius, *EDEN Newspaper*, Tuesday 14 September 2021, at page 9

[vi] In this reflection, the words 'he', 'him' and 'his' denote both male and female.

[vii] See *Cameroon-Info.Net* of Friday, 18 June 2021.

[viii] See *Cameroon-Info.Net* of Friday, 10 September 2021.

[ix] See note (iii), above, at page 5.

[x] Ibid, at page 2.

[xi] Ibid.

[xii] See online, *Mimi Mefo Info* of Tuesday, 21 September 2021.

[xiii] Ce territoire a été rebaptisé « Etat fédéré du Cameroun occidental » en 1961 et « Provines (aujourd'hui Régions) du Nord-Ouest et du Sud-Ouest » en 1972. Dans cet ouvrage, les trois appellations seront utilisées de manière interchangeable.

[xiv] Elle est ci-après dénommée *"la loi du 24 décembre 2019"*. Pour rendre la présente réflexion moins technique et accessible au grand public, les articles et alinéas de cette loi et du décret d'application du 24 décembre 2020 dont les dispositions sont examinées ici ne sont pas spécifiquement indiqués, à quelques exceptions près. Toutefois, nous certifions que toutes les références et citations attribuées à cette loi et à ce décret reflètent leur contenu exact, comme tout lecteur consciencieux peut le vérifier.

[xv] Voir la note (iii), ci-dessus.

[xvi] Voir la note (iv), ci-haut.

[xvii] Voir la note (v), ci-dessus.

[xviii] Voir en ligne, *Cameroon-Info.Net* du vendredi, 18 juin 2021.

[xix] Voir en ligne, *Cameroon-Info.Net* du vendredi, 10 septembre 2021.

[xx] Voir la note (iii) ci-haut, page 5.

[xxi] Ibid., page 2.

[xxii] Ibid.

[xxiii] Voir en ligne, *Mimi Mefo Info* du mardi, 21 septembre 2021.

ABOUT THE AUTHOR / L'AUTEUR

Dr Simon Munzu is a native of the South-West region, one of the two English-speaking regions of Cameroon. He holds a Ph.D. in law from the University of Cambridge (Jesus College) as well as Master's and Bachelor's degrees in

law from the University of London (King's College). A
Barrister-at-Law, he was called to the Bar in England
(Honorable Society of the Middle Temple) and in
Cameroon. He taught law in various universities and other
academic and professional institutions in Cameroon for
several years before entering United Nations service where
he began his career as a volunteer. He is a retired United
Nations Assistant Secretary-General and Deputy Special
Representative of the Secretary-General in Côte d'Ivoire,
and a former member of the UN International
Commission of Inquiry for Mali (2018-2020).

A longstanding advocate of autonomy for the English-
speaking regions within a united Cameroon, Simon Munzu
co-convened the two All Anglophone Conferences (AAC I
and II) of 1993 and 1994 on the anglophone problem in
Cameroon. He was the pioneer spokesperson of the
Southern Cameroons National Council (SCNC) that
emerged from those Conferences. In March 2017, he
initiated the Anglophone General Conference (AGC) that
was convened in July 2018 by a college of religious leaders
led by the late Christian Cardinal Tumi. He served as the
pioneer spokesperson of the College of Convenors of the
AGC and Coordinator of the Conference Organizing
Committee, but had to step down from these positions in
November 2018 due to high-level security threats against
his person. He attended the Major National Dialogue on
the situation in the North-West and South-West regions
convened by the Government of Cameroon from 30th

September to 4th October 2019 in Yaounde at which he delivered a keynote speech and chaired the Commission on Reconstruction and Development.

Dr Simon Munzu *est originaire de la région du Sud-Ouest, l'une des deux régions anglophones du Cameroun. Il est titulaire d'un doctorat en droit de l'Université de Cambridge (Jesus College) ainsi que d'une maîtrise et d'une licence en droit de l'Université de Londres (King's College). Il est avocat admis au Barreau en Angleterre (honorable society of the Middle Temple) et au Cameroun. Il a enseigné le droit dans diverses universités et autres institutions universitaires et professionnelles au Cameroun pendant plusieurs années avant d'entrer en service aux Nations Unies où il a débuté sa carrière en tant que volontaire. Il est sous-secrétaire général des Nations Unies à la retraite, ancien représentant spécial adjoint du Secrétaire général en Côte d'Ivoire et ancien membre de la Commission d'enquête internationale des Nations Unies pour le Mali (2018-2020).*

Défenseur de longue date de l'autonomie des régions anglophones au sein d'un Cameroun uni, Simon Munzu a été l'un des initiateurs des deux « All Anglophone Conference (AAC I et II) » de 1993 et 1994 sur le problème anglophone au Cameroun, et le premier porte-parole du Southern Cameroons National Council (SCNC) issu de ces Conférences. En mars 2017, il a lancé l'initiative de la Conférence générale anglophone (AGC) qui a été convoquée en juillet 2018 par un collège de chefs religieux dirigé par feu le cardinal Christian Tumi. Il a rempli les fonctions de premier porte-parole du Collège des organisateurs de l'AGC et de coordonnateur du Comité

d'organisation de la Conférence avant
de démissionner de ces fonctions en novembre 2018 en raison de
menaces sérieuses portées sur sa personne. Il a participé au Grand
Dialogue National sur la situation dans les régions du Nord-Ouest et
du Sud-Ouest convoqué par le Gouvernement camerounais du 30
septembre au 4 octobre 2019 à Yaoundé au cours duquel il a
prononcé un discours liminaire et présidé la Commission pour la
reconstruction et le développement.

Printed in Poland
by Amazon Fulfillment
Poland Sp. z o.o., Wrocław

81739795R00074